汽车先进技术译丛　智能网联汽车系列

基于安全需求的信息物理系统设计

林忠纬（Chung - Wei Lin）
［美］阿尔伯托·桑戈瓦尼 - 文森泰利（Alberto Sangiovanni - Vincentelli）　著
中国信息通信研究院泰尔终端实验室　组译
罗璎珞　译

机械工业出版社

本书介绍了信息物理系统的一些初步知识和现有安全问题、基于安全需求的设计方法、CAN 协议的安全机制、基于 CAN 和 TDMA 系统的安全需求映射问题和算法、用于 V2V 通信的安全需求优化问题和算法、基于状态机和基于图形的安全需求设计问题，本书还指出一些未来的发展方向。本书适合智能网联汽车产学研技术人员学习参考。

Translation from the English language edition:
Security – Aware Design for Cyber – Physical Systems：A Platform – Based Approach
by Chung – Wei Lin and Alberto Sangiovanni – Vincentelli
Copyright © Springer International Publishing AG 2017
This Springer imprint is Published by Springer Nature
The registered company is Springer International Publishing AG
All Rights Reserved

北京市版权局著作权合同登记　图字：01 - 2018 - 2747。

图书在版编目（CIP）数据

基于安全需求的信息物理系统设计/林忠纬，（美）阿尔伯托·桑戈瓦尼－文森泰利著；罗瓔珞译．—北京：机械工业出版社，2019.10
（汽车先进技术译丛．智能网联汽车系列）
书名原文：Security – Aware Design for Cyber – Physical Systems
ISBN 978-7-111-67879-3

Ⅰ.①基…　Ⅱ.①林…②阿…③罗…　Ⅲ.①汽车 – 安全设计　Ⅳ.①U461.91

中国版本图书馆 CIP 数据核字（2021）第 057164 号

机械工业出版社（北京市百万庄大街22号　邮政编码100037）
策划编辑：孙　鹏　　责任编辑：孙　鹏
责任校对：杜雨霏　　封面设计：鞠　杨
责任印制：郜　敏
盛通（廊坊）出版物印刷有限公司印刷
2021年4月第1版第1次印刷
169mm×239mm·5.5印张·2插页·109千字
0 001—1 500册
标准书号：ISBN 978-7-111-67879-3
定价：69.00元

电话服务　　　　　　　网络服务
客服电话：010-88361066　机 工 官 网：www.cmpbook.com
　　　　　010-88379833　机 工 官 博：weibo.com/cmp1952
　　　　　010-68326294　金　书　网：www.golden-book.com
封底无防伪标均为盗版　机工教育服务网：www.cmpedu.com

第1章 简 介

随着计算技术的发展，日常生活中越来越多的系统依赖于算法和计算机，或者由算法和计算机控制。最具代表性的系统演变之一是飞机和汽车的线控驱动系统，这些系统已经不再是纯粹的机械系统了。这种结合计算和物理行为的系统被称为信息物理系统，其中"信息"代表计算部分，"物理"代表物理操控行为。除了飞机和汽车的系统外，其他常见的信息物理系统还包括医疗设备、智能电网和机器人。对这其中许多系统来说，安全性和可靠性都十分重要，在极端情况下，故障可能会造成严重后果甚至危及用户。

除了常规的系统故障之外，网络安全攻击也会造成严重后果——可能会触发不同类型的系统故障，恶意攻击者会发现系统的安全漏洞并加以利用。最终，他们能够访问机密信息、控制系统行为或造成系统瘫痪。已经识别的有针对汽车系统[6,13,25-27,39]、飞机系统[5,46]、全球定位系统[8,58]、医疗设备[10,29]和智能电网[24,30]的多种不同类型的网络攻击行为。随着系统与周围环境、基础设施和其他系统的连接日益发达，这些攻击变得更加具有威胁性，连接为网络攻击提供了接入点，并成为扩大攻击范围的"跳板"。

可以通过设计使用安全机制来防止网络攻击，满足包括完整性、真实性、机密性或可用性在内的多种安全要求。但是，在汽车信息物理系统中使用安全机制也面临着诸多挑战，例如，应用于开放环境（如无线通信）、有限资源（如网络带宽、计算资源和功率）、严格的时序要求以及设备数量巨大等[10,23,24,27,46]。

上述挑战使得在初始设计阶段之后，同时还要在与其他系统约束条件不冲突的前提下，再添加安全机制，这样会变得非常困难，有时甚至不可能。系统开发过程通常用图1.1所示的V模型[35]来描述。如果在详细设计或实施之前未考虑安全性，有些问题很难解决。例如，剩余的网络带宽或计算资源对于安全机制来说往往是不够的，或者时序要求太紧而不能增加安全机制。因此，迫切地需要制定一套系统的方法，在信息物理系统早期设计阶段综合地描述和分析所有需求和限制，包括信息安全问题和其他的设计限制。

本书将先介绍一种通用的基于安全需求的设计方法，它能够在信息物理系统的设计阶段分析各种约束条件时，将安全问题也一起考虑。该方法的依据是文献

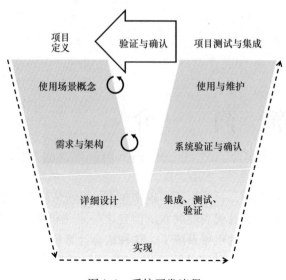

图 1.1　系统开发流程

[47] 中提出的"基于平台的设计",也就是说在初始阶段分别构建功能模型和架构平台,然后通过映射过程将两者融合在一起。在映射的过程中,功能模型落实在架构平台上,实现功能目标的同时满足相应的限制,并加以优化。该方法不同于传统的映射过程,因为它不仅将功能模型映射到架构平台,而且还会尝试进行安全机制选择和架构调整。

其次,本书聚焦汽车系统自身的安全问题,因为这些问题是汽车信息物理系统中最常见的挑战,例如资源限制和时序要求。首先研究的是控制器局域网络(CAN)协议,一种非常具有代表性的异步协议,也是当前最常用的车载通信协议。这里会针对 CAN 协议提出一种安全机制。基于安全机制,在功能模型映射到体系结构平台的过程中就可以解决安全问题,并且信息安全和功能安全的约束条件在集成公式中也可以体现出来。通过灵活的密钥分发方案,基于安全需求的映射问题可以被表达为混合整数线性规划(MILP)问题。

除 CAN 协议外,本书还分析了基于时分多址(TDMA)的车载通信协议,该协议是一种非常具有代表性的同步协议,也是许多现有协议的抽象,如 FlexRay[7]、时间触发协议[45]和时间触发以太网[44]等。这种协议越来越多地在各种安全性很重要的系统中采用,以实现更可预测的时序行为。将密钥的发送时间延迟[2,37,38,55]作为安全机制,并且开发了将模拟退火方法与一组有效的优化启发式算法相结合的算法,以解决安全需求映射问题。

然后我们将该方法应用于专用短程通信(DSRC)技术的车车(V2V)通信。将兼顾信息安全和功能安全要求的信息安全需求优化问题形成公式,并且考虑椭圆曲线数字签名算法(ECDSA)不同设置时的开销。关键的决策因素是基本安全消息（BSM）的发送速率和认证速率，它们为功能安全相关应用提供重要信息，因此需要信息安全层面的防护；发送速率和认证速率是衡量系统性能和安全性能的主要因素[1,23,28]。安全需求优化问题可以由高效的算法解决。

在研究了异步和同步协议之后，本书还将介绍其他基于安全需求的设计问题。第一种类型基于有限状态机（FSM），用公式来表达综合问题，给资源有限的系统建模。第二种类型是基于图论来处理消息重复和网络分区以达到安全。

本书的后续部分安排如下。第 2 章介绍了信息物理系统的一些初步知识和现有安全问题。第 3 章介绍了基于安全需求的设计方法。第 4 章介绍了 CAN 协议系统的安全机制。基于 CAN 和 TDMA 系统的安全需求映射问题和算法分别在第 5 章和第 6 章中介绍。第 7 章介绍了用于 V2V 通信的安全需求优化问题和算法。第 8 章和第 9 章分别描述了基于状态机和基于图论的安全需求设计问题。最后，第 10 章对本书进行总结并指出一些未来的发展方向。

第2章 信息物理系统安全威胁

传统的安全术语可以描述概况性的攻击场景：
- 伪造是未授权方在网络或某些存储设备中生成附加数据或对象的情况。
- 篡改是未授权方更改网络或某些存储设备中的现有数据或对象的情况。
- 窃取是未授权方在网络或某个存储设备中读取数据或对象的情况。
- 阻断是未授权方使数据、对象或服务不可用的情况。

篡改和伪造可以概括为未经授权的写入，同样，窃取可以概括为未经授权的读取。信息安全保护的是以下高级安全属性：
- 完整性：如果数据或对象未被更改或不是由未授权方产生，则完整性得到满足。
- 真实性：如果数据或对象的访问者是自称的身份，则真实性得到满足。
- 保密性：如果数据或对象未被非授权方读取，则保密性得到满足。
- 可用性：如果数据、对象或服务可用，则可用性得到满足。

下文将介绍现有针对不同的信息物理系统的安全威胁和防护。

由于现代车辆各种接口都可能受到攻击，包括来自直接或间接物理接入、短距离无线接入以及远距离无线信道[6,39]的攻击，因此安全性已成为汽车电子系统的紧迫问题。一个严重的威胁是通过这些通信接口来影响汽车的电子控制单元（ECU）[26]。然后，攻击者可以通过车内通信访问其他 ECU 以及制动和发动机等安全关键组件，从而进行各种攻击。另一个严重威胁是通过诊断端口、空端口或无线网络直接在网络上生成消息[55]。ECU 和安全关键组件会因此表现异常。

Kleberger 等人对车内安全威胁和保护进行了总结概述[25]。对于车载通信，控制器局域网络（CAN）协议一直是最吸引攻击者的协议，因为它是使用最广泛的协议，并且缺少基础的安全保护。Hoppe 等人分析了 CAN 协议的弱点[13]，这些弱点可能会影响电动车窗、警告灯和安全气囊控制系统的运行。此外，攻击者能够接管 ECU 并执行许多功能[26]，例如车身控制、发动机控制和电子制动控制。还有可能实施拒绝服务攻击，从而使得驾驶人的正常输入被忽略。除了 CAN 协议，Rouf 对无线胎压监测系统进行了研究[39]，证明能够窃听和欺骗从轮胎压力传感器发送的信息。Checkoway 等人对汽车系统的攻击面进行了全面的分析和实验[6]。Seifert

和 Obermaisser 在网关上开发了异常和故障检测功能[48]，可以保护车内网络免受外部和内部攻击。Wolf 和 Gendrullis 提出了一种车载硬件安全模块[56]，可以对车载 ECU 及其通信进行全面保护。但是，除了这些对网关和硬件的安全保护，对通信的安全防护仍然是必要的。因为网关防护无法抵御所有威胁（尤其是同一网段中的威胁），ECU 也可能直接被攻击。

通常认为汽车通信的完整性和真实性比保密性更加重要，因为受攻击者控制的汽车系统可能会表现异常并因此造成直接危害；而在保密性方面，攻击者对汽车系统的移动行为只是观察。因此，大多数现有的安全机制[9,12,34]着重于使用 CAN 协议的消息认证码（MAC）对消息真实性进行认证。由于 CAN 协议的帧仅有 64bit 用于数据有效载荷，并且车载 CAN 总线速度通常仅为 500kbit/s，因此这些机制总是试图通过各种方法来减少 MAC 的通信开销。

随着车车通信（V2V）和车辆与基础设施通信（V2I）的出现，对汽车系统的安全威胁变得更广泛和更具挑战性。例如，Wasicek 通过在自适应巡航控制下对编队行驶车辆加速或制动进行建模[54]，证明了 V2V 通信的潜在安全威胁。V2V 和 V2I 应用的主要标准是专用短距离通信（DSRC）。在 DSRC 的消息子层（位于传输层之上），SAE J2735[43]定义了包含基本安全消息（BSM）的标准消息类型，其包含车辆的时间、位置、速度、方向、大小和其他重要信息。它可以开发许多安全应用，例如避免前方碰撞、车道变换警告（盲点警告）和左转弯辅助[11]。IEEE 1609.2[21]是在 DSRC 中间层（网络层、传输层和消息子层）提供安全服务。消息的真实性主要使用椭圆曲线数字签名算法（ECDSA）来实现，该算法是非对称加密算法。当车辆打算发送消息时，它使用其私钥对消息进行签名，并发送带有其签名和证书摘要的消息。接收消息的车辆使用与私钥对应的公钥来验证消息。消息的生成时间和车辆的位置作为可选项包含在签名消息中以防止重放攻击。DSRC 还支持消息加密。在文献［21，23］中有关于 DSRC 的细节介绍。

除了汽车系统之外，安全性也是其他信息物理系统日益关注的问题。飞机通过全球定位系统，自动关联监视广播（ADS-B）[40]和基于互联网协议的航空电信网络（IP ATN）[14]与地面站、其他飞机和卫星进行通信。这些协议实现了更安全、更省时、更省油、更方便的航空运输系统的现代化，但在全球定位系统和这些协议中存在着一些潜在的安全风险。Sampigethaya 等人分析了当前和下一代飞机通信协议[46]，并提供了标准化进展的概述。鉴于飞行对数据通信的高依赖性，而且还存在被乘客"带入"设备实施攻击的情况，因此安全性尤为重要。但是，大多数航空标准没有考虑安全因素。Zeng[58]和 Gong[8]展示了对全球定位系统的欺骗攻击。这些攻击可能导致全球定位系统失去同步并影响其他使用全球定位系统的系统，如飞机系统和智能电网[8]。通过观察成功检测率的动态范围，文献［58］中提出了一种检测机制来防止这些攻击。在飞机控制系统的各安全属性中，完整性、真实性和可用性比保密性更加重要[5]。

由于许多医疗设备也是利用无线通信，最近出现了针对医疗设备的潜在攻击。Halperin 等人[10]研究了对植入式心脏复律除颤器的安全攻击。通过对植入式心脏复律除颤器进行逆向工程，他们进行了窃听、欺骗和伪造，并且通过重放成功地实施了安全攻击。他们同时提出了三种基于射频功率采集的低功耗安全机制来防止这些攻击。此外，Li[29]证实了对葡萄糖监测和胰岛素输送系统的安全性攻击。他们成功地进行了被动攻击（窃听无线通信）和主动攻击（模拟和控制系统），这些攻击会危害患者的安全和隐私。他们也提出了通过加密技术和身体耦合通信等安全机制，来防止这些攻击的方法。

智能电网中的安全问题也确实存在，也有人提出了一些相应的保护准则。Khurana 等人[24]概述了智能电网的安全问题，他们强调通信和设备的安全性以及隐私保护，并介绍了安全管理面临的挑战，例如智能电网的复杂性和可扩展性。McDaniel 和 McLaughlin[30]也对智能电网安全问题进行了论述，再次强调设备和系统的隐私问题和安全漏洞。Khurana 等人[24]基于互联网协议中的认证原理，讨论了智能电网的限制条件。他们提出了一些有助于确保认证机制正确性和有效性的设计原则和工程实践。Metke 和 Ekl[31]提出了几种安全技术，包括用于智能电网的公钥基础设施和可信计算。由于全球定位系统不同步，最终会影响到智能电网的故障检测、电压稳定性监测和事件定位[8]。

第3章 基于安全需求的设计方法

本章介绍了一种通用的基于安全需求的设计方法,为资源有限和有严格约束条件的信息物理系统的设计提供参考和指导。该方法包括三个主要部分:安全需求映射、安全机制选择和体系架构选择。目标是在早期设计阶段,就把安全问题以及所有其他设计约束综合考虑进来。

3.1 安全需求映射

对于给定的功能模型,其安全需求包括两个方面。第一,是要保护的安全属性,如完整性、真实性、保密性和可用性。第二,是一组安全约束条件,通常就是量化要求。例如,"真实性"是要保护的安全属性,"攻击者成功猜测消息认证码(MAC)的概率必须小于 10^{-10}"就是对应的安全约束。同时,体系架构平台的安全服务是指由体系架构平台直接提供的安全机制,或者是支撑其他安全机制实现的基础服务和功能应用。例如,"物理不可克隆功能(PUF)"[41,50,57]本身就是保护完整性和真实性的硬件安全服务,而"全局时间"用于防止重放攻击,控制延时的密钥释放机制中的密钥释放时间[2,37,38,55],是支撑型安全服务。

安全需求映射是根据基于平台的设计[47]范例实现的。如图 3.1 所示,功能模型和体系架构平台分别作为应用程序空间和体系结构空间的抽象而创建。通常,抽象的功能模型包括其计算模型、功能约束、要实现的安全属性、安全约束等。抽象的体系结构平台包括其计算资源、通信资源、存储资源、安全服务等。抽象之后,通过映射过程将功能模型和架构平台结合起来,从而在满足所有约束条件并优化设计目标的同时,在架构平台上实现功能模型。

与传统的映射过程不同,安全需求映射涉及安全机制需求。安全机制需求也是通过抽象来形成的,包括它所能够防护的安全属性,计算、通信和存储的开销,安全约束条件,所需的支撑型安全服务等。在映射过程中,必须通过安全机制或架构平台的安全服务提供来满足功能模型的安全属性。如果安全机制能够与安全属性对应起来,则安全机制所需的支撑型安全服务必须由架构平台的已有安全服务来满足。另外,安全机制也会引发安全约束,映射过程必须能够满足安全机制的安全约

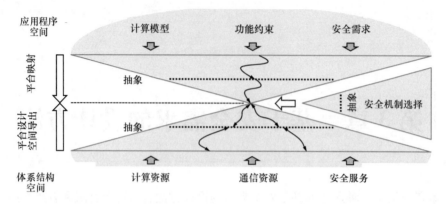

图 3.1 基于安全需求的映射。功能模型和体系架构平台分别作为应用程序空间和体系结构空间的抽象而创建。通过映射过程将功能模型和架构平台结合起来,从而在满足所有约束条件并优化设计目标的同时,在架构平台上实现功能模型

束、功能模型的约束和功能模型的安全约束。

对该安全需求映射问题的数学定义如下。

定义 3.1 功能模型定义为 $\mathbf{F} = (M_F, Q_F, R_F, C_F, P_F, O_F)$,其中 M_F 是计算模型;$Q_F = \{q_1, q_2, \cdots, q_{nq}\}$,是安全属性的集合;$R_F = \{r_1, r_2, \cdots, r_{nr}\}$,是安全约束集合;$C_F = \{c_1, c_2, \cdots, c_{nc}\}$,是其他功能约束集合;$P_F$ 是常数参数集合;O_F 是目标函数。

定义 3.2 体系架构平台定义为 $\mathbf{A} = (A_A, V_A, P_A)$,其中 A_A 是体系架构类型;V_A 是安全服务集合;P_A 是一组常量参数。

定义 3.3 安全机制定义为 $\mathbf{S} = (S_S, R_S, V_S, P_S)$,其中 S_S 是保护类型;R_S 是安全约束集合;V_S 是所需安全服务集合;P_S 是常量参数集合。

定义 3.4 $X_{F,A}$ 是 $\mathbf{F}$ 对 $\mathbf{A}$ 进行映射时的决策变量集合,X_S 是 $\mathbf{S}$ 的决策变量集合。

定义 3.5 符号 $\models$ 表示实现计算模型 M_F,可以防护安全性属性 $q_i \in Q_F$,同时满足安全性约束条件 $r_i \in R_F \cup R_S$ 或功能约束条件 $c_i \in C_F$。

定义 3.6 安全需求映射为:给定 $\mathbf{F}$,$\mathbf{A}$,$\mathbf{S}$,确定 $X_{F,A}$ 和 X_S,使下式成立:

$$A_A \models M_F \tag{3.1}$$

$$\forall q_i \in Q_F, (S_S \models q_i \text{ and } V_a \supseteq V_S) \text{ or } V_A \models q_i \tag{3.2}$$

$$\forall r_i \in R_F \cup R_S, (X_{F,A}, X_S, P_F, P_A, P_S) \models r_i \tag{3.3}$$

$$\forall c_i \in C_F, (X_{F,A}, X_S, P_F, P_A, P_S) \models c_i \tag{3.4}$$

同时得到优化的 $O_F(X_{F,A}, X_S, P_F, P_A, P_S)$。

等式(3.2)意味着安全属性 q_i 必须由各种类型的安全保护 S_S 或安全服务 V_A 来满足。如果 q_i 被 S_S 满足,则所需的安全服务 V_S 必须由 V_A 来满足,即 V_A 包括 $\mathbf{S}$ 所需的每个安全服务。等式(3.3)和等式(3.4)通常以 $f(X_{F,A}, X_S, P_F, P_A, P_S) \geq 0$ 方式表示,其中 f 是函数。

应根据具体的模型和安全需求映射的工作量来选择算法。第 5 章介绍了基于混合整数线性规划（MILP）的算法，用于解决基于控制器局域网络（CAN）系统的安全需求映射问题。第 6 章介绍了基于模拟退火方法（SA）的算法，用于解决基于时分多址（TDMA）系统的安全需求映射问题，因为对于 TDMA 系统来说，MILP 算法的复杂度太高。如果有系统的方法来选择算法，则能进一步改进设计流程并进行客观公平的对比。

3.2 安全机制选择

基于安全需求的设计可能并不指定要使用特定的安全机制，系统设计人员可以在多种安全机制中进行选择，来优化其设计目标，例如系统性能、安全级别、功耗或成本等。在这种情况下，给定一个功能模型和体系架构，目标是从一组可选的机制中选择适当的安全机制，满足所有约束条件，并优化设计目标。当安全机制可选时，安全需求映射定义如下。

定义 3.7 当安全机制可选时，安全需求映射为：给定 $\mathbb{F}$、$\mathbb{A}$，和一系列 $\mathbb{S}_1$，$\mathbb{S}_2$，$\cdots$，$\mathbb{S}_n$，确定 $k(1 \leq k \leq n_s)$，$X_{F,A}$ 和 X_{S_k}，使下式成立：

$$A_A \models M_F \tag{3.5}$$

$$\forall q_i \in Q_F, (S_{S_k} \models q_i \text{ and } V_A \supseteq V_{S_k}) \text{ or } V_A \models q_i \tag{3.6}$$

$$\forall r_i \in R_F \cup R_{S_k}, (X_{F,A} X_{S_k}, P_F, P_A, P_{S_k}) \models r_i \tag{3.7}$$

$$\forall c_i \in C_F, (X_{F,A} X_{S_k}, P_F, P_A, P_{S_k}) \models c_i \tag{3.8}$$

同时得到优化的 $O_F(X_{F,A}, X_{S_k}, P_F, P_A, P_S)$。

通过安全机制选择，可以逐个完成安全需求映射，然后可以选择最好的映射。如果安全机制可以抽象成相同的一组变量和参数，那么就可以有效地通过一轮的安全需求映射选择安全机制。

3.3 体系架构选择

基于安全需求的设计也可不指定特定的体系架构。在这种情况下，给定一个功能模型，目标是从相应体系架构候选集合中选择适当的安全机制和适当的体系架构，满足所有约束条件，并优化设计目标。当安全机制和体系架构可选时，安全需求映射定义如下。

定义 3.8 当安全机制和体系架构可选时，安全需求映射为：给定 $\mathbb{F}$，一系列 $\mathbb{A}_1$，$\mathbb{A}_2$，$\cdots$，$\mathbb{A}_n$，和一系列 $\mathbb{S}_1$，$\mathbb{S}_2$，$\cdots$，$\mathbb{S}_n$，确定 $j(1 \leq j \leq n_a)$，$k(1 \leq k \leq n_s)$，X_{F,A_j} 和 X_{S_k}，使下式成立：

$$A_{A_j} \models M_F \tag{3.9}$$

$$\forall_{q_i} \in Q_F, (S_{S_k} \vDash q_i \text{ and } V_{A_j} \supseteq V_{S_k}) \text{ or } V_{A_j} \vDash q_i \qquad (3.10)$$

$$\forall r_i \in R_F \cup R_{S_k}, (X_{F,A_j}, X_{S_k}, P_F, P_{A_j}, P_{S_k}) \vDash r_i \qquad (3.11)$$

$$\forall c_i \in C_F, (X_{F,A_j}, X_{S_k}, P_F, P_{A_j}, P_{S_k}) \vDash c_i \qquad (3.12)$$

同时得到优化的 $O_F(X_{F,A_j}, X_{S_k}, P_F, P_A, P_S)$。

与安全机制选择类似，通过体系架构选择，可以逐个完成每个安全需求映射。如果体系架构可以抽象成同一组变量和参数，那么可以在一轮安全需求映射中，分析所有体系架构并进行选择。

3.4 基于安全需求的设计示例

基于 CAN 的系统和基于 TDMA 的系统的安全需求映射可以通过基于安全需求的设计方法来分析。问题的细节将在第 5 章和第 6 章中分别展开。这里只是用这些例子来解释基于安全需求的设计方法。表 3.1 总结了两个例子，其中常数参数 P_F、P_A 和 P_S 可以被忽略。请注意，这两个例子中的安全属性是不同的——在基于 CAN 的系统中允许在合法接收者之间共享密钥，但在基于 TDMA 的系统中这是不允许的。

在这两个例子中，对安全属性的防护由安全机制来实现。如前所述，基于 MILP 的算法用于解决基于 CAN 的系统的安全需求映射，而基于 SA 的算法用于解决基于 TDMA 的系统的安全需求映射。

我们看一下对认证机制这一安全机制的选择结果。认证机制分为四种类型[55]：

- 一键全密钥分发（S_1）：发送者和消息的所有接收者共享并使用对称密钥来计算 MAC。
- 成对密钥分发（S_2）：每一对消息的发送者和接收者共享并使用对称密钥来计算 MAC。
- 延迟释放密钥（S_3）：消息的发送者使用对称密钥来计算 MAC 并在以后释放密钥。
- 非对称加密（S_4）：消息的发送者使用私钥来签署消息，并且消息的接收者使用相应的公钥来验证消息。

S_1 和 S_2 是基于 CAN 系统的灵活密钥分发（S_5）方式的两种特殊情况：即当所有接收者都在同一接收组中时，以及当所有接收者都在它们自己的接收组中时。安全机制选择结果描述如下：

- 对于基于 CAN 的系统，选择 S_5 是因为：①安全需求映射无法找到针对 S_1（安全风险过高）和 S_2（MAC 长度过短）的可行解决方案；②S_3 需要一个全局时间，但是 CAN 协议不支持，即 V_A 不是 V_{S_3} 的一个子集；③S_4 的计算开销太高。
- 对于基于 TDMA 的系统，选择 S_3 是因为 S_2 和 S_4 的通信或计算开销太高，并且又不允许S_1和S_5可能出现的两个接收者共享密钥的情况。

表3.1 基于CAN的系统和基于TDMA的系统的安全需求映射可以通过基于安全需求的设计方法来分析。请注意，安全属性的不同——基于CAN的系统允许在合法接收者之间共享密钥，但基于TDMA的系统不允许这样做

		基于CAN的系统	基于TDMA的系统
F	M_F	任务图	任务图
	Q_F	可认证性（消息认证）	可认证性（消息认证）
	R_F	安全风险，MAC长度	MAC长度
	C_F	路径期限	路径期限
	O_F	最小化时延	最小化时延
A	A_A	分布节点，CAN协议	分布节点，TDMA协议
	V_A	—	全局时间
S	S_S	共享密钥（对称）	延时释放密钥（对称）
	R_S	—	密钥释放时间
	V_S	—	全局时间
$X_{F,A}$		任务分配	任务分配
		任务优先级分配	任务优先级分配
		信号打包	信号打包
		消息优先级分配	网络调度
X_S		接收组分配	密钥释放时间

用防止重放攻击（攻击者发送它们从CAN总线或TDMA交换机收到的消息，不作任何修改）来作为架构选择的示例。全局时间可以用来防止重放攻击。如果没有全局时间，可以使用具有同步机制的计数器。给定一个异步协议（$\mathbb{A}_1$）和一个同步协议（$\mathbb{A}_2$），安全需求映射可以选择使用计数器，或者使用$\mathbb{A}_2$所支持的全局时间。通过安全机制选择完成相应的需求映射后，再选择更好的体系架构。对于基于CAN的系统和基于TDMA的系统，分别考虑使用加了计数器的$\mathbb{A}_1$架构和使用具有全局时间的$\mathbb{A}_2$架构。请注意，如上所述，直接比较基于CAN的系统和基于TDMA的系统的结果是不公平的，因为它们的安全属性并不完全相同。如果它们的安全属性相同，则可以按照以下方式进行选择：

- 如果允许一些合法的接收者共享密钥，那么CAN协议（使用S_5）和TDMA协议（使用S_3）的结果都是可行的。如果目标是延迟最小化，则CAN协议能更好地达到目标；如果目标是MAC长度最大化，则TDMA协议能更好地达到目标。
- 如果两个接收者不允许共享密钥，则只有TDMA协议（带有S_3）的结果是可行的，所以应该选择TDMA协议。

3.5 总结

在本章中，介绍了一种通用的基于安全需求的设计方法。它为信息物理系统基于安全需求的设计问题提供参考和指导。该方法包括三个主要组件：安全需求映射、安全机制选择和架构选择。许多基于安全需求的设计问题，例如 CAN 系统和 TDMA 系统的安全需求映射，都可以通过基于安全需求的设计方法来完成。后续章节将首先介绍 CAN 系统和 TDMA 系统的安全机制和安全需求映射问题，这些系统都是非常具有代表性的异步和同步协议系统，然后介绍其他一般的基于安全需求的设计问题。

第 4 章　CAN 协议系统的安全机制

正如在第 2 章中所提到的，信息安全问题已成为汽车电子系统的一个紧迫问题。这是因为现代汽车电子系统是分布式的，是基于电子控制单元（ECU）运行的软件互相之间通过串行总线和网关进行通信实现的，而且大多数系统在设计时没有考虑信息安全。这是由于用于设计当前汽车电子系统的流程、方法和工具关注于功能安全、可靠性和成本优化。尽管针对随机故障的汽车电子系统的安全性和可靠性的验证已在商业上使用，但信息安全并没有作为硬件和软件体系架构开发过程的一部分，并且没有标准通信协议具有任何内置的措施来对抗攻击或减轻攻击造成的后果。

本章将介绍改善控制器局域网（CAN）协议安全的机制，以保护它免受伪造和重放攻击，并且机制可以应用到上一章提及的基于安全需求的设计方法之中，作为基于 CAN 系统的候选安全机制。CAN 协议是目前车载网络体系架构中使用最多的串行数据协议，是非常具有代表性的异步协议，因此是我们研究的重点。通过提供不需要额外硬件的纯软件安全机制，可以满足低开销、高度容错性和低成本等多项要求。

将要介绍的安全机制是基于消息认证和对称密钥的，并且还引入了计数器来实现消息认证码（MAC）的时间戳，以克服 CAN 协议中没有全局时间的缺陷。本章没有关注最初的关键安全密钥的分配和派发，虽然这方面也非常重要，但已经在文献 [51] 中研究过了。本章将重点放在系统稳定状态（即安全密钥已分配给 ECU 之后）和系统中某些 ECU 的运行重置时（计数器可能不同步时）的在线认证。还引入了两种计数器复位机制，它们涉及 ECU 的自行修复或更复杂的网络计数器复位（或重新同步），并对两种方法进行了权衡和优劣分析。因为安全性可能会牺牲性能（因为 MAC 和计数器需要额外的比特数），且性能较差又可能导致潜在危害，所以在安全性程度和其他衡量指标（如资源利用率）之间进行权衡是非常重要的。实验结果表明，本章所介绍的安全机制可以实现足够的安全级别，而且不会在总线负载和消息延迟方面增加较多的通信开销。

本章安排如下：4.1 节定义了系统模型和攻击者模型；4.2 节介绍了安全机制；4.3 节和 4.4 节分别介绍了计数器的实现及其相应的复位机制；4.5 节演示了案例

的性能分析研究；4.6节对本章进行了总结。

4.1 系统模型和攻击者模型

对于汽车系统和CAN协议，完整性和真实性是非常重要的属性，能够通过软件安全机制解决。而防止闯入攻击则需要硬件保护，因为恶意ECU可以自由地从所连接的CAN总线读取数据或将数据写入所连接的CAN总线。这是由于CAN协议的本质（广播和多主控仲裁）造成的。因此，闯入攻击暂不列为本章的范围。关于系统模型的假设和定义如下：

定义4.1 网络结构中只有一个CAN总线，所有ECU都连接到该总线。

定义4.2 一个ECU就是一个节点。

定义4.3 消息的发送者是指发送消息的节点。

定义4.4 消息的接收者是指收到消息，并通过将消息ID与其可接受的消息ID的列表进行比较来接受消息的节点。

发送者通过在CAN总线上广播来发送消息。由于CAN协议是一种广播协议，每个节点都"收到"消息，但只有接收者（如上定义）接受消息。

定义4.5 节点可以使用易失性内存（RAM）和/或非易失性存储器（FLASH）来存储数据。节点重置后，存储在RAM中的数据不再可用；FLASH中的数据在节点重置后可用。

用图4.1的网络架构来描述攻击者模型。尽管在CAN协议中，任何节点都可以在不同的总线通信中扮演发送者和接收者的角色，但为了更简明地分析问题，假定N_1是合法的发送者，N_2是合法的接收者。在图4.1中，如果恶意软件控制了现有节点N_3，可以访问存储在RAM和FLASH中的任何数据，包括用于实现安全机制的数据（例如共享密钥）。攻击者也可能插入网络节点N_4（例如，为了在网络上执行诊断，该节点可以是运行诊断软件并使用CAN适配器接口连接到网络的笔记本电脑）。在这种情况下，N_4上的恶意软件也可以访问其RAM和FLASH内存，但是这个节点的RAM和FLASH中并没有存储真实的关键数据（例如，共享密钥）。

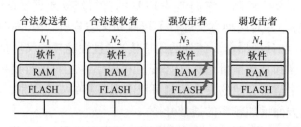

图4.1 攻击者模型

定义 4.6 强攻击者是恶意软件能够通过完全访问任何关键数据获得控制权的现有节点。

定义 4.7 弱攻击者是恶意软件能够获得控制权的节点,但没有关键数据可用(主要是因为关键数据从未存储在内存中)。

定义 4.8 合法的节点是既不是强攻击者也不是弱攻击者的节点。

例如在图 4.1 中,N_3 和 N_4 分别是强和弱的攻击者,N_1 和 N_2 是合法的节点。N_3 和 N_4 可能执行的攻击场景如下,其相应的安全机制也将在本章进行介绍。

- 场景 1:由强攻击者 N_3 实施篡改或伪造。
- 场景 2:由弱攻击者 N_4 实施篡改或伪造。
- 场景 3:由强攻击者 N_3 实施重放。
- 场景 4:由弱攻击者 N_4 实施重放。

例如,合法的发送者 N_1 要发送一条消息,N_3 和 N_4 将试图对此攻击。情景可以详述如下[再次强调,本章不涉及拒绝服务(DoS)之类的攻击,因为这些攻击需要额外的硬件方案来解决,而所讨论的仅为软件解决方案]。

场景 1 细化:如果 N_1 和 N_2 之间的重要/秘密数据已经存储在 N_3 的 RAM 或 FLASH 中,攻击是可行的。例如,如果重要/秘密数据被网络中的每个节点共享和使用,则 N_3 可以使用存储在 RAM 或 FLASH 中的数据并假装 N_1 向 N_2 发送(伪造的)新消息。

场景 2 细化:因为没有重要/秘密数据存储在 N_4 的 RAM 或 FLASH 中,所以 N_4 不构成威胁。该攻击场景不可行。

场景 3 细化:如果 N_3 从 CAN 总线读取消息,然后将相同的消息写入 CAN 总线而不做任何修改,则可以实现这一点。注意,在这种情况下,N_3 不需要获得 N_1 和 N_2 之间的重要/秘密数据,例如图 4.2 中的成对密钥,因为 N_2 只会认为它是由 N_1 发送的。

场景 4 细化:同场景 3 细化。

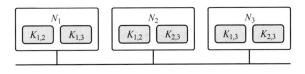

图 4.2 三个节点的成对密钥分发

可以进一步对伪装攻击和重放攻击定义如下[52]:

定义 4.9 伪装攻击是攻击者声称自己是一个非本身的节点,用另外的身份来发送消息。

伪装攻击可能会导致伪造攻击、篡改攻击或特殊情况,例如重放攻击。

定义 4.10 重放攻击是攻击者重新发送收到过的消息,并对消息不做任何修改。

在 CAN 协议中,攻击者通过发送(重放)自己从 CAN 总线收到的消息副本来执行重放攻击。该消息未被修改或更改,只是由无权发送该消息的节点发送给其他节点。其他节点通过查表匹配消息 ID 与发送方,能够确定发送方的身份,但没有规定对其进行身份验证的过程和机制。

由于 CAN 协议是一种广播协议,如果没有安全机制,强攻击者和弱攻击者都可以成功地进行伪装或重放攻击。即使使用成对密钥,重放攻击仍然可以成功。在介绍一些安全机制之前,先对错判和漏判的定义如下:

定义 4.11 错判是节点接受它应该拒绝的消息。

定义 4.12 漏判是节点拒绝它应该接受的消息。

根据以上定义,成功的信息安全攻击实际上是一种错判。

Algorithm 1 Basic algorithm # 1 to send M_k

1: $A_{k,1} = f(M_k, K_{1,2})$;
2: Send M_k and $A_{k,1}$;

Algorithm 2 Basic algorithm # 1 to receive M_k

1: Receive M_k and $A_{k,1}$;
2: $A = f(M_k, K_{1,2})$;
3: Accept M_k if and only if $A = A_{k,1}$;

4.2 安全机制

本节将先介绍一些基本的认证机制,然后介绍高级安全机制。在下面的章节中,将解释实施 CAN 协议安全机制方面的挑战,并提出克服这些困难的相应解决方案。表 4.1 中定义了本章将要使用的一些标识。

表 4.1 本章中用到的一些标识

标识	含义
i	节点 ID
j	节点 ID
k	消息 ID
N_i	ID 为 i 的节点
M_k	ID 为 k 的消息
n	节点数
n_k	消息 M_k 接收者的数量

(续)

标识	含义
r_{ks}	消息 M_k 的第 s 个接收者
f	计算 MAC 的函数
T	时间
$K_{i,j}$	N_i 和 N_j 共享的密钥
$A_{k,s}$	发送者提供给消息 M_k 的第 s 个接收者的 MAC
A	接收者计算的 MAC
$C_{i,k}$	N_i 中存储的对 M_k 的计数器
$C_{i,k}^M$	$C_{i,k}$ 的最高位
$C_{i,k}^L$	$C_{i,k}$ 的最低位

Algorithm 3 Basic algorithm # 2 to send M_k

1: Get time T;
2: $A_{k,1} = f(M_k, T, K_{1,2})$;
3: Send M_k and $A_{k,1}$;

Algorithm 4 Basic algorithm # 2 to receive M_k

1: Receive M_k and $A_{k,1}$;
2: Get sending time T;
3: $A = f(M_k, T, K_{1,2})$;
4: Accept M_k if and only if $A = A_{k,1}$;

4.2.1 基本认证

基本认证是基于发送者 N_1 和接收者 N_2 之间共享的密钥，以及计算得到的 MAC，可以看作是消息的签名[51]来进行认证的。密钥 $K_{1,2}$ 是存储在 N_1 和 N_2 中的共享密钥，并且只有 N_1 和 N_2 知道这个密钥。为了使讨论不失一般性，假定存在图 4.2 所示的成对密钥分配。算法 1 和算法 2 概括了 N_1 和 N_2 发送、接收消息 M_k 的步骤。

请注意，$A_{k,1}$ 中的"1"表示的是 N_2 是 M_k 的第一个也是唯一的接收者。由于密钥是以成对的方式分配的，即使 N_3 是一个强攻击者，它也无法通过计算 N_1 发送消息的 MAC 来攻击 N_2（因为 N_3 没有 $K_{1,2}$）。但是，在广播协议中网络中的任何节点都可以读取消息，并且 M_k 和 $A_{k,1}$ 以明文发送，所以 N_3 可以读取消息并逐字重新发送（实质上重放同一消息）。因为 MAC 是匹配的，N_2 会接受它。这个问题可行的解决方案是使用全局时间给消息打时间戳。如果采用全局时间戳，那么 N_2 可以对抗重放攻击。算法 3 和算法 4 给出了使用全局时间戳方案时，N_1 和 N_2 发送和接收消息 M_k 的步骤。前面已经解释过，如果 N_3 想要将 M_k 发送到 N_2，因为它没有

$K_{1,2}$，无法计算正确的 MAC；而且，在重放攻击的情况下，如果 N_3 重放消息，会使用 N_2 用过的有较早时间戳的 MAC 来执行此操作，因此，MAC 无法匹配，N_2 将拒绝消息。但是，CAN 协议中没有全局时间，因此在以下部分中引入了单调计数器来解决重放攻击问题。

上面总结了基本的认证机制，但是还有各种替代方式和形式用于实现认证功能。很多人关注数字签名。但是，数字签名具有非常高的通信开销，不适用于 CAN 协议或非常难以应用。Szilagyi 等[51-53]强调嵌入式网络的约束条件，提出使用时间触发（全局时间可用时）的广播协议来解决认证问题。在广播时，每个节点都是接收者，所以发送的消息包括所有接收器的 MAC。算法 5 和算法 6 给出基于这种设置的 N_1 和 N_2 发送和接收消息 M_k 的步骤。

Algorithm 5 Basic algorithm #3 to send M_k

1：Get time T；
2：$\forall j, 1 \leq j \leq n, A_{k,j} = f(M_k, T, K_{i,j})$；
3：Send $M_k, A_{k,1}, A_{k,2}, \cdots, A_{k,n}$

Algorithm 6 Basic algorithm #3 to receive M_k

1：Receive $M_k, A_{k,1}, A_{k,2}, \cdots, A_{k,n}$；
2：Get sending time T；
3：Get i where N_i is the sender of M_k；
4：$A = f(M_k, T, K_{i,j})$；
5：Accept M_k if and only if $A = A_{k,j}$；

基于对接收者的复杂定义，因此认证时要发送 n 个 MAC。这意味着网络中存在与节点数量一样多的接收者。每个接收者验证消息时，先将每个接收到的消息映射到消息的唯一发送者，并识别 MAC 以进行比对。除了身份验证，这个方案还引入了其他功能，来应对有限的通信总线数据速率，以及提供容错功能。首先，只发送 MAC 比特串的子集用于认证，即上述操作中的 A 和 $A_{k,j}$ 分别被 $[A]_l$ 和 $[Ak,j]_l$ 替换，其中 $[\ ]_l$ 是截取 l 位。其次，假设只有在最近收到的一些消息被成功攻击时才会达到不安全状态。最后，后续研究[53]中提出认证由不同的投票节点执行。

就算减少了传输比特数并实现容错，将上述方案应用于 CAN 协议时仍面临两个主要挑战。首先，CAN 协议中可用的带宽非常有限。实际上，CAN 总线的最大标称数据速率仅为 500kbit/s，而每个标准帧最多总共 134bit，包括 64bit 有效负载，46bit 用于开销（包括 CRC 位）和 24bit 用于在最坏的情况下填充比特[3]。如果安全机制需要将 MAC 添加到原始帧，因为原始帧可能已经有 64bit 有效载荷了，这种情况下该帧可能不得不被分成更多帧。这可能导致总线更加繁忙，通信性能下降，甚至是不可调度的系统。其次，如前所述，CAN 协议中没有全局时间（这些机制需要全局时间支持[51-53]）。为了解决这些问题，下一节将介绍一种更为先进的机制。

4.2.2 高级机制

高级安全机制的关键元素存储在每个节点中（在易失性和非易失性存储器中）。这些元素包括 ID 表、成对密钥和接收/发送的消息计数器。定义 4.4 所说的接收者是指收到消息，并通过将消息 ID 与其可接受的消息 ID 列表进行比较来判断是否接受这条消息的节点。

- ID 表：安全机制不对所有节点使用 MAC[51-53]。恰恰相反，发送方仅计算与发送消息的相应接收方一样多的 MAC。这是通过在每个节点中维护 ID 表来完成的，其中每个条目由消息 ID 索引——每个条目包含发送者的节点 ID 和接收者的节点 ID 列表。ID 表由以下函数定义：

其中 k 是 M_k 的 ID，i 是 M_k 的发送者的 ID，n_k 是 M_k 的接收者的数量，并且 $r_{k,s}$ 是 M_k 的第 s 个接收者的 ID。发送方可以检查自己的 ID 表，以确定它必须计算多少 MAC，它应该使用哪些密钥，以及给消息附加的 MAC 排序。接收方可以检查 ID 表以确定它应该使用哪个密钥以及它应该选择接收帧中所包含的哪个 MAC。同样，依赖 ID 表的优点是该机制减少了 MAC 的数量，因为它只考虑 CAN 过滤后接受帧的接收者，而不是考虑帧广播时的所有接收者。这样可以大大减少通信开销。

- 成对密钥：成对密钥 $K_{i,j}$ 是 N_i 和 N_j 之间用于认证的"共享密钥"。每对节点都有一对共享密钥，这是任何其他节点都不知道的。因此，任何其他节点都不能篡改或伪造消息，但可以进行重放攻击。使用成对密钥只是一种基本的密钥分配方法。如果想要进一步减少通信开销，可能的解决方案是将节点划分为多个组，其中组内的各个节点共享一个密钥。当然，在安全性和性能（最小化通信开销）之间存在权衡，通过降低安全级别可以改善通信性能。

- 基于消息的计数器：计数器用于替换全局时间并防止对抗攻击。每个节点保持一组计数器，并且每个计数器对应于一个消息，例如 $C_{i,k}$ 是存储在 N_i 中用于 M_k 的计数器。发送 M_k 的节点，其计数器值记录 M_k 发送的次数；接收 M_k 的节点，则其计数器值记录 M_k 已被接收的次数（是指在认证之后被接受）。因此，如果恶意节点重放消息，则接收方可以检查相应的接收计数器来查看消息是否是新的。由于网络故障，接收计数器可能与消息对应的发送计数器的值不同。展开来说，某节点发送了一帧消息并更新其发送计数器。此时发生了网络故障，例如电气总线瞬时故障，该帧永远不会到达其目的地。因此，接收者没有接收到帧，不增加其接收计数器的值。这导致两个计数器不同步。不过，该机制可以在不损失安全性的情况下进行处理，本章稍后将对此进行解释。再提供以下定义：

定义 4.13 消息的发送计数器是存储在其发送者中的计数器。

定义 4.14 消息的接收计数器是存储在其接收者之一中的计数器。

在安全机制中，每个节点都维护其 ID 表、成对密钥和计数器。算法 7 和算法 8 给出了 N_1 和 N_2 发送和接收消息 M_k 的步骤。

Algorithm 7 Advanced algorithm # 1 to receive M_k

1：$(i, n_k, r_{k,1}, r_{k,2}, \cdots, r_{k,n_k}) = \text{ID} - \text{Table}(k)$；

2：$C_{i,k} = C_{i,k} + 1$；

3：$\forall_s, 1 \leq s \leq n_k, A_{k,s} = f(M_k, C_{i,k}, K_{i,r_{k,s}})$；

4：Send $M_k, C_{i,k}, A_{k,1}, A_{k,2}, \cdots, A_{k,n_k}$；

Algorithm 8 Advanced algorithm # 1 to receive M_k

1：Receive $M_k, C_{i,k}, A_{k,1}, A_{k,2}, \cdots, A_{k,n_k}$；

2：$(i, n_k, r_{k,1}, r_{k,2}, \cdots, r_{k,n_k}) = \text{ID} - \text{Table}(k)$；

3：Continue if and only if find s, $1 \leq s \leq n_k$, $j = r_{k,s}$；

4：Continue if and only if $C_{i,k} > C_{j,k}$；

5：$A = f(M_k, C_{i,k}, K_{i,j})$；

6：Accept M_k and $C_{j,k} = C_{j,k}$ if and only if $A = A_{k,s}$；

上述安全机制可以对抗伪造攻击和重放攻击，覆盖以下三种场景：

- 如果攻击者发送不应该由接收者接收的消息，则接收者将通过检查其 ID 表来拒绝该消息。
- 如果攻击者发送的消息不应该由攻击者发送，并且是重放攻击，那么接收者将通过检查计数器来拒绝该消息。
- 如果攻击者发送的消息不应该由攻击者发送，并且不是重放攻击，则接收者将通过比较 MAC 来拒绝该消息。

4.3 计数器的实现

从攻击者模型的角度看，上一节中所描述的方案可以满足安全防护要求。但是，必须推敲确定计数器的位数。如果计数器比特位数不足，那么在车辆的寿命期内计数器可能溢出。如果存储在接收方的计数器溢出并重置为零，攻击者只需要等待此事件发生则重放攻击就可能成功。如果用于计数器的位数太大，则总线将过载。

为了解决这个问题，可以将计数器 $C_{i,k}$ 分成两部分：最高有效位 $C_{i,k}^M$ 和最低有效位 $C_{i,k}^L$。只将 $C_{i,k}^L$ 与消息一起发送。N_i 和 N_j 执行的步骤类似，但仅发送 $C_{i,k}^L$。算法 9 和算法 10 中列出了接收方 N_j 收到发送者 N_i 发送的消息 M_k 时的执行步骤，如图 4.3 所示。会出现两种情况：

- 当 $C_{i,k}^L > C_{j,k}^L$ 时，接收者会用 $C_{j,k}^M$ 计算 MAC，这与原来的方法是一样的。

- 当 $C_{i,k}^L \leq C_{j,k}^L$ 时,接收者会用 $C_{j,k}^M+1$ 计算 MAC。

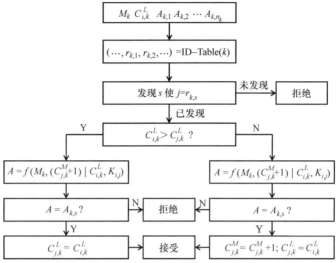

图 4.3 接收方 N_j 收到发送方 N_i 发送的消息 M_k 时的执行步骤

如果存在重放攻击,则接收者将测试 $C_{i,k}^L = C_{j,k}^L$ 是否成立,并且使用 $C_{j,k}^M+1$ 来计算 MAC。这时计算出的 MAC 值将与重放消息中发送的 MAC 不同。接收者将拒绝该信息。

Algorithm 9 Advanced algorithm # 2 to receive M_k

1: $(i, n_k, r_{k,1}, r_{k,2}, \cdots, r_{k,n_k}) = \text{ID} - \text{Table}(k)$;

2: $C_{i,k} = C_{i,k} + 1$;

3: for each s, $1 \leq s \leq n_k$ do

4: $A_{k,s} = f(M_k, C_{i,k}, K_{i,r_{k,s}})$;

5: end for

6: Send M_k, $C_{i,k}^L$, $A_{k,1}$, $A_{k,2}$, $\cdots$, A_{k,n_k};

Algorithm 10 Advanced algorithm # 2 to receive M_k

1: Receive $(M_k, C_{i,k}^L, A_{k,1}, \cdots, A_{k,n_k})$;

2: $(i, n_k, r_{k,1}, r_{k,2}, \cdots, r_{k,n_k}) = \text{ID} - \text{Table}(k)$;

3: Finds s such that $1 \leq s \leq n_k$ and $j = r_{k,s}$;

4: if s is not found then

5: Return "Reject";

6: end if

7: if $C_{i,k}^L > C_{j,k}^L$ then

8: $A = f(M_k, C_{j,k}^M | C_{i,k}^L, K_{i,j})$;

9: if $A = A_{k,s}$ the

10: $C_{j,k}^L = C_{i,k}^L$;

11: Return "Accept";

(续)

Algorithm 10 Advanced algorithm # 2 to receive M_k

12: else
13: Return "Reject";
14: end if
15: else
16: $A = f(M_k, (C_{j,k}^M + 1) | C_{i,k}^L, K_{i,j})$;
17: if $A = A_{k,s}$ then
18: $C_{j,k}^M = C_{j,k}^M + 1$;
19: $C_{j,k}^L = C_{j,k}^L$;
20: Return "Accept";
21: else
22: Return "Reject";
23: end if
24: end if

使用这种机制的优点是它可以减少通信开销而不会损失安全性。如果接收者由于网络故障而连续错过了几条消息，就算没有攻击，但因为它的接收计数器可能不是最新状态（不同步），它可能会拒绝后面发送的新消息。但是，计数器不同步的可能性非常低。如果计数器 C 被分成 C^M 和 C^L 并且网络故障的概率是 q，则计数器不同步的概率是 $q^{|C^L|}$。如果 $q^{|C^L|} = 3$ 且 $q = 0.1$，计数器不同步的概率仅为 0.1^8。即使出现这种情况，MAC 也不会匹配，接收者将继续拒绝消息（错误拒绝）。虽然这种情况不是最优的，但是计数器不同步还是比攻击成功（错误接受）要好。此外，可以通过提供计数器复位机制来改善，这是下一节的重点。

4.4 计数器复位机制

需要计数器复位机制来处理 ECU 硬件复位或由于网络故障而导致计数器不同步的问题。有两种类型的硬件复位。第一种类型是 ECU 可以按预期复位，比如当进入特定驾驶模式导致的低功率状态时，一些 ECU 会被关闭以减少能量消耗。另一种类型是 ECU 由于电源故障而出现意外的硬件复位。无论 ECU 复位的原因如何，复位发生的速度过快或复位之间的时间间隔太短，会造成关键数据来不及存储到 FLASH 中，后面也无法再恢复。这是因为太频繁地将数据存储到 FLASH 中（高于预期的最高复位速率）可能导致烧毁 FLASH 本身。因此，需要一些机制来处理由于硬件重置而导致关键数据（如更新的计数器值）不是最新数据的情况。

在预期的关机或更改电源状态之前，ECU 会从 RAM 中复制相关数据并将其存储到 FLASH 中。唤醒时，ECU 将数据从 FLASH 恢复到 RAM。但是，当发生硬件故障或电力不足等情况时，可能会发生意外关机。在这种情况下，不能再认为 FLASH 中的关键数据是可以被恢复的。因此，必须采取措施将 ECU 和系统恢复到安全状态（例如，具有对抗攻击的计数器值）。处理意外硬件重置的机制包括"自愈复位机制"和"网络复位机制"。这些计数器重置机制都平衡了安全级别和通信开销。

下文中将提出自愈复位机制和网络复位机制（静态和动态）。两种机制在安全级别和总线利用方面各有优劣。在实际使用时，可以将这些方式相结合使用，这取决于不同情况对通信资源的需求、能够支撑的数据速率，以及每个消息的安全级别。

4.4.1 自愈复位机制

下面给出的是节点遇到硬件重置时，启用自愈复位机制的过程：
- 节点将 FLAG 变量设置为 0。
- 节点每隔 P 秒将其计数器值存储到 FLASH 中。时间间隔 P 是 FLASH 的函数。
- 如果节点遇到预期的硬件重置，则节点会在关闭之前尝试将 RAM 中的最新计数器值存储到 FLASH 中。如果操作成功，则应将 FLAG 设置为 1。如果不成功，比如可能会由于 FLASH 控制器因为潜在的烧毁风险而拒绝操作，则其余步骤与下面的意外硬件重置所采用的步骤相同。
- 如果节点意外重置，则无法保证任何操作，包括将数据存储到 FLASH 中，因此 FLAG 保持为 0。
- 当节点被唤醒时，如果 FLAG = 1，则从 FLASH 恢复所有计数器并设置 FLAG = 0；如果 FLAG = 0，则从 FLASH 恢复所有计数器（最后保存的计数器），使它们增加 Q，并将它们存储到 FLASH 中。

参数 P 取决于 FLASH，是数据实时性和 FLASH 存储器的预期寿命的折中值。Q 是在时间间隔 P 内可以发送的消息数量的上限，以防止重放攻击——不同的计数器可以与不同消息的不同 Q 值相关联。

由于 Q 是在 P 期间发送的消息数量的上限，因此该值可能不是 P 期间内发送的正确消息数。Q 值大于真实值可能导致错误拒绝，这意味着接收者的接收计数器高于发送计数器的情况，尽管这种情况不应该出现。在这种情况下，接收者将拒绝消息（即使这些消息不应该被拒绝），直到发送计数器达到接收计数器的值。相反，如果 Q 小于它应该的值，那么接收者将接受它不应接受的消息（错误接受）。在这两种情况下，预计值 Q 将被离线调整。这种机制的优点在于，在节点重置之后唤醒时，节点自己重置其计数器，而不需要额外的重置节点计数器的那类消息。因此，不需要网络范围的计数器同步，实现通信开销最小化。然而，由于参数 Q 是估计值，因此可能发生错误拒绝或甚至更严重的错误接受的情况。

4.4.2 网络复位机制

除了自愈复位机制外，也可以进行网络复位机制。网络复位机制包括以下关键点：
- 通过一条 RESET 消息，将所有节点的所有计数器设置为 0。

- 通过一条 REQ 消息以实现容错。
- 使用新的会话密钥,以防止重放攻击。

在这种类型的机制中,因为每个计数器都被重置为 0,所以需要新的会话密钥;否则,攻击者就可以成功执行重放攻击。因此,随机生成的数字需要包含在 RESET 消息中,用它为每个节点生成新的会话密钥。网络复位机制可以进一步分为两种方法。第一个是"动态"网络范围复位,其中任何经历重置的节点都可以生成随机数并向所有其他节点发送 RESET 消息。第二种方法是"静态"网络范围复位,其中只有一个特殊主节点可以生成随机数并向所有其他节点发送 RESET 消息。

4.4.2.1 动态网络复位

动态网络复位中节点的有限状态机如图 4.4 所示。此方法具有以下功能:

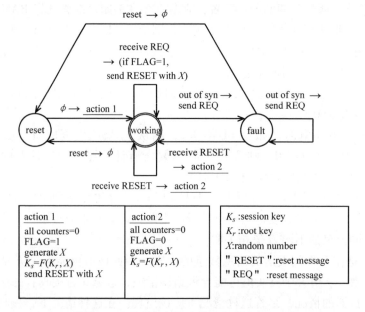

图 4.4 动态网络复位中节点的有限状态机

- 每个节点都需要维护一个变量 FLAG,以指示它是否是生成随机数 X 的最后一个节点并发送 RESET 消息。
- 如果节点经历复位(进入重置状态),则它将所有计数器设置为 0,将 FLAG 设置为 1,生成随机数 X 及其新会话密钥,并发送带有 X 的 RESET 消息。
- 如果节点收到 RESET 消息,则它将所有计数器设置为 0,将 FLAG 设置为 1,并生成其会话密钥。
- 如果节点发现自己不同步(由于网络故障而丢失了 RESET 消息),那么它将发送 REQ 消息以要求返回同步状态。

- 如果节点收到 REQ 消息,则它将检查 FLAG 是否为 1。如果是,则它是生成 X 并发送 RESET 消息的最后一个节点,因此它将重新发送 RESET 消息。

4.4.2.2 静态网络复位

静态网络范围复位中主节点的有限状态机如图 4.5 所示;静态网络范围复位中非主节点的有限状态机如图 4.6 所示。静态和动态重置之间的差异如下:

- 节点不需要维护变量 FLAG,因为只有主节点才可以生成随机数并发送 RESET 消息。
- 非主节点使用 REQ0 消息来请求主节点重置网络。
- 如果非主节点经历重置,则它将发送 REQ0 消息并等待 RESET 消息。
- 如果主节点收到 REQ0 消息,它将所有计数器设置为 0,生成随机数 X 及其会话密钥,并发送带有 X 的 RESET 消息。

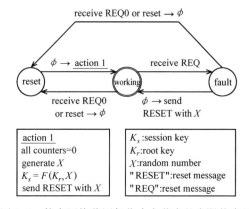

图 4.5 静态网络范围复位中主节点的有限状态机

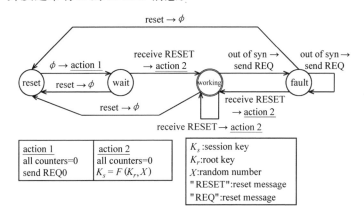

图 4.6 静态网络范围复位中非主节点的有限状态机

尽管网络范围的重置机制可以保证不存在错误拒绝,也能对抗重放攻击,但是由于重置每个节点中的计数器的消息所产生的附加流量会导致高的瞬态总线峰值负载。

4.5 分析

安全机制会对系统总线负载和消息延迟产生影响。为了评估影响,可以通过公式进行可行性分析。该公式包括以下参数：
- n：消息数量。
- q：由于网络故障而丢失消息的概率。
- R：总线速率。

消息 M_k 的参数定义如下：
- n_k：接收者个数。
- R_k：消息速率（频率，即发送周期的倒数）。
- S_k：消息原始大小。
- L_k：MAC 的总长度和计数器的最低有效位的上限。
- C_k：计数器最低有效位长度的下限。
- P_k：攻击成功的概率的上限。
- Q_k：计数器不同步的概率的上限。

如果 M_k 不是安全性很重要的消息，则 $C_k=0$ 且 $P_k=Q_k=1$。定义 M_k 的以下决策变量：
- x_k：MAC 的长度。
- y_k：计数器最低有效位长度。

M_k 还有以下约束条件：
- MAC 的总长度和计数器的最低有效位应 $\leq L_k$。
- 计数器的最低有效位的长度应 $\geq C_k$。
- 攻击成功的概率应 $\leq P_k$。
- 节点不同步的概率应 $\leq Q_k$。

约束定义的数学表达如下：

$$x_k + y_k \leq L_k \tag{4.1}$$

$$y_k \geq C_k \tag{4.2}$$

$$2^{-x_k} \leq P_k \tag{4.3}$$

$$q^{2y_k} \leq Q_k \tag{4.4}$$

最后两个约束还定义了错误接受的概率（一个节点接受它应该拒绝的消息）和错误拒绝的概率（一个节点拒绝它应该接受的消息）。可以很容易地导出 x_k 和 y_k 的最小值，然后使用下式[33]计算消息延迟：

$$l_k = B + \sum_{i \in hp(k)} \left(\lceil l_k R_i \rceil \frac{S_i + n_i x_i + y_i}{R} \right) \tag{4.5}$$

式中，l_k 是消息 M_k 的延迟时间；$B = \max_i \frac{S_i + n_i x_i + y_i}{R}$；$hp(k)$ 是具有比 M_k 更高优先级的消息的索引集。通过使用传统的定点计算，通过迭代方法计算延迟，直到收敛（如果存在解决方案）。

测试用例如下：使用138条消息，其中17条是安全性很重要的消息，称为安全关键消息。对所有安全关键消息，$q=0.1$，$R=500\text{kbit/s}$，$L_k=32\text{bit}$，$C_k=1\text{bit}$。表4.2和表4.3显示了相应的总线负载和具有不同P和Q值的平均延迟，其中，假设n_k分别为1和3，所有k的$P_k=P$和$Q_k=Q$。因为接收者的数量未知，因此使用了这样一个简单的假设。如果接收者的数量可知，则可以通过为不同的k设定不同的P_k和Q_k值来进行更具有普遍性的实验。同样，本实验的主要目的是展示安全机制如何影响系统总线负载和消息延迟。如果对总线负载、平均消息延迟或每条消息的消息延迟（截止时间）存在严格限制，则检查是否可以应用安全机制。

如表4.2所示，当$n_k=1$时，如果要确保攻击成功的概率和节点不同步的概率都在10^{-4}以内，那么总线负载会增加3%，平均消息延迟增加6.25%。在某些P和Q的值都很大的情况下没有可行的解决方案。实验显示使用安全机制可以达到一定的安全级别（例如，攻击成功的概率小于10^{-8}），总线负载或平均消息延迟增加分别小于6%和14%。但是，如表4.3所示，当$n_k=3$时，可行区域减少。这是因为它需要3个MAC，却只有最多L_k-C_k位可用。

表4.2 当$n_k=1$时，相应的总线负载和平均消息延迟以及P和Q的不同值，其中"−"表示没有可行的解决方案。如果没有安全机制，原始总线负载376.44kbit/s和平均消息延迟11.535ms都缩放为1

P	Q									
	10^{-1}		10^{-4}		10^{-7}		10^{-10}		10^{-13}	
	负载	平均消息延迟	负载	平均消息延迟	负载	平均消息延迟	负载	平均消息延迟	负载	平均消息延迟
10^{-1}	1.0094	1.0241	1.0113	1.0267	1.0131	1.0288	1.0150	1.0322	1.0150	1.0488
10^{-2}	1.0150	1.0322	1.0169	1.0394	1.0188	1.0425	1.0206	1.0445	1.0206	1.0612
10^{-3}	1.0206	1.0445	1.0225	1.0481	1.0244	1.0506	1.0263	1.0571	1.0263	1.0741
10^{-5}	1.0338	1.0668	1.0357	1.0733	1.0375	1.0767	1.0394	1.0789	1.0394	1.0962
10^{-6}	1.0394	1.0789	1.0413	1.0832	1.0432	1.0883	1.0451	1.0968	1.0451	1.1144
10^{-7}	1.0469	1.0987	1.0488	1.1007	1.0507	1.1040	1.0526	1.1061	1.0526	1.1238
10^{-8}	1.0526	1.1061	1.0544	1.1129	1.0563	1.1181	1.0582	1.1213	1.0582	1.1393
10^{-9}	1.0582	1.1213	1.0601	1.1232	—	—	—	—	—	—
10^{-10}										

表 4.3　当 $n_k=3$ 时，相应的总线负载和平均消息延迟以及 P 和 Q 的不同值，其中"–"表示没有可行的解决方案。如果没有安全机制，原始总线负载 376.44kbit/s 和平均消息延迟 11.535ms 都缩放为 1

P	Q									
	10^{-1}		10^{-4}		10^{-7}		10^{-10}		10^{-13}	
	负载	平均消息延迟	负载	平均消息延迟	负载	平均消息延迟	负载	平均消息延迟	负载	平均消息延迟
10^{-1}	1.0244	1.0506	1.0263	1.0571	1.0282	1.0591	1.0300	1.0625	1.0300	1.0795
10^{-2}	1.0413	1.0832	1.0432	1.0883	1.0451	1.0968	1.0469	1.0987	1.0469	1.1164
10^{-3}	1.0582	1.1213	1.0601	1.1232	—	—	—	—	—	—
10^{-4}	—	—	—	—	—	—	—	—	—	—

4.6　总结

本章介绍了改进 CAN 协议并保护其免受伪造和重放攻击的安全机制。高级安全机制因具有较低的通信开销且不需要维持全局时间而适用于 CAN 协议。通过使用计数器并仅发送计数器的最低有效位，本章给出了在计数器不同步时的两种计数器复位机制。分析结果表明，先进的安全机制可以达到一定的安全级别，且不会在总线负载和消息延迟方面引入过高开销。基于本章介绍的这些机制，下一章将阐述和解决基于 CAN 系统的安全需求映射问题。

第 5 章　基于 CAN 总线系统的安全需求映射

第 4 章中介绍的机制可以对抗针对控制器局域网络（CAN）协议的伪造和重放攻击。但是，将消息认证码（MAC）和计数器位添加到现有设计可能不是最优方案，甚至不可行。因为由于消息长度限制（CAN 协议中仅有 64bit 有效载荷[3]），可能没有足够的空间用于所需的 MAC 和计数器位。此外，添加 MAC 和计数器位会增加消息传输时间（特别是当 MAC 被截断并通过多个消息传输时），这会导致违反时序约束并影响系统安全性。CAN 协议的一些扩展提供了更长的消息长度[4,60]。例如，具有灵活数据速率（CAN-FD）协议的 CAN[4]可以允许消息具有 64B 有效载荷。然而，如果 MAC 和计数器位以自发的方式添加或者系统其他设计已经完成之后，上述问题仍然存在。因此，为了实现信息安全和功能安全的设计，有必要在系统的设计阶段将安全性与延迟和利用率之类的其他目标一起协同解决。

在本章中，提出了一种集成的混合整数线性规划（MILP）公式，用于在设计时从功能模型到基于 CAN 的架构平台的映射过程中满足信息安全和功能安全需求。映射设计包括将任务分配到电子控制单元（ECU），将信号打包到消息中，在多个接收 ECU 之间共享 MAC，以及任务和消息的优先级分配。安全约束设置的目的是限制安全风险。将第 4 章中的安全机制加以扩展，允许多个 ECU 接收的同一消息共享一个 MAC。这在有限的资源下提供了更多的设计灵活性，但还是需要定量测量公式中的信息安全成本。功能安全约束被定义为功能安全关键功能路径的端到端限制。

这是第一个利用公式模型在汽车电子系统设计自动化中集成解决信息安全和功能安全需求。基于优化的 MILP 公式，下面给出了一个三步算法来解决三个简化 MILP 中的映射问题。这种方法可以平衡最佳效果和实现效率，能够解决复杂的工业问题。然后，进一步提出的扩展公式可以对基于路径的安全约束建模，并直接降低安全风险。基于扩展公式，可以对破坏功能路径的风险进行限制并最小化。同时提出一种启发式算法来更有效地解决问题。实验结果表明，这些方法有助于找到好的设计方案，以满足系统的信息安全和功能安全需求。

本章包括如下内容：5.1 节定义了系统模型和约束条件；5.2 节介绍了 MILP

公式和基于 MILP 的三步算法；5.3 节介绍了扩展公式和算法；5.4 节分析案例研究，并展示实验结果；5.5 节提供了本章的总结。

5.1 系统模型与公式

在本节中，介绍了涉及信息安全和功能安全的系统模型和约束条件。

5.1.1 系统模型

本节中涉及的映射问题依据的是基于平台的设计范例[47]和第 3 章中介绍的方法，其中功能模型和架构平台是在开始时分别获得的，然后通过映射过程汇集在一起。如图 5.1 所示，架构模型由基于 CAN 的分布式平台，由 n^E 个 ECU 组成，记作 $E = \{\varepsilon_1, \varepsilon_2, \cdots, \varepsilon_{n^E}\}$，和连接所有 ECU 的 CAN 总线组成。每个 ECU ε_k 可以发送 n_k^M 个消息，记作 $M_k = \{\mu_{k,1}, \mu_{k,2}, \cdots, \mu_{k,n_k^M}\}$。假设 ECU 运行符合 AUTOSAR/OSEK 标准的操作系统，支持基于优先级的抢占式任务调度[36]。总线使用标准 CAN 总线仲裁模型，该模型具有非抢占式基于优先级的消息调度[3]。功能模型是由 n^T 任务组成的任务图，记作 $T = \{\tau_1, \tau_2, \cdots, \tau_{n^T}\}$。$n^S$ 信号，记作 $S = \{\sigma_1, \sigma_2, \cdots, \sigma_{n^S}\}$。每个信号 σ_i 都在源任务 $src\sigma_i$ 和目标任务 $dst\sigma_i$ 之间。任务定期激活，并通过信号相互通信。

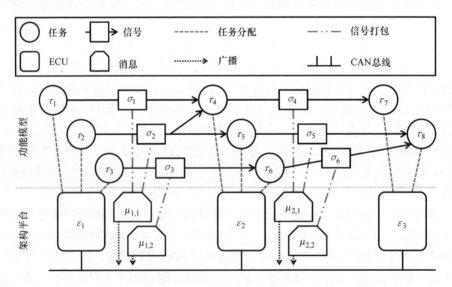

图 5.1 基于 CAN 网络的系统模型

路径 π 是任务和信号的有序交织序列，定义为 $\pi = (\tau_{r1}, \sigma_{r1}, \tau_{r2}, \sigma_{r2}, \cdots, \sigma_{r_{k-1}}, \tau_{r_k})$。$src(\pi) = \tau_{r_1}$ 是路径的源，$snk(\pi) = \tau_{r_k}$ 是相应的接收者。源由外部事件激活，

而接收者则激活执行器。每个源—接收者对之间可能存在多个路径。假设所有任务都参与分布式功能的计算，从收集传感器数据到远程执行。端到端延迟的最坏情况，行进路径 π（记作 l_π）为在源端改变输入（或感测）值，并传播出去，直至接收者处的值（或响应执行）也随之改变所需的最大可能时间间隔。

在映射时，功能模型被映射到架构平台上，如图 5.1 所示。具体地说，就是任务被分配到 ECU 上，并且信号被打包成消息并以广播方式在 CAN 总线上传输。消息会定期触发，每条消息都包含映射到它的信号的最新值。会给任务和消息分配静态优先级，以便在运行时进行基于优先级的调度。此外，确定接收 ECU 之间的 MAC 共享——这是针对安全需求的，将在 5.1.2 小节进行介绍。根据设计目标和约束条件，可以充分进行综合的、覆盖任务分配，信号打包，优先级分配和密钥共享的设计。例如，作为应用要求，为路径 π 设置期限 d_π，P 表示具有这种期限要求的时间敏感路径的集合。同时还有对 ECU 和 CAN 总线使用率的限制，以及有效载荷大小和安全成本的限制。5.1.2 小节和 5.1.3 小节介绍了安全性和端到端延迟限制的细节。5.2 节介绍如何将所有限制条件都归纳到 MILP 公式中。

5.1.2 信息安全约束和密钥分发

通过 MAC 进行身份验证以防止伪造和重放攻击，应在设计时就设置安全限制条件，以确保有足够的 MAC 位来防止对 MAC 位的间接攻击。

定义 5.1 间接攻击是指攻击者没有发送者和接收者共享的密钥，只能猜测 MAC 并尝试使接收者接受消息。

如果没有先验信息，只是随机地猜测 MAC，则间接攻击的成功概率是 2^{-L}，其中 L 是 MAC 的比特数。在用于设计的公式中，每个 MAC 需要最少的比特数取决于消息中信号的重要性和接收者的重要性。

第 4 章中介绍的安全机制是任何节点对使用专用共享密钥，在这种情况下，只需要解决间接攻击。然而，当消息存在多个接收者时，使用这种成对的密钥可能需要大量的 MAC 位，可行性低。本章把第 4 章中介绍的机制进行了扩展，通过定义接收组的概念允许多个接收者在消息中共享一个 MAC，即使用相同的密钥。这提供了更多的设计灵活性，但这样也会导致直接攻击的风险。

定义 5.2 消息的接收组是与消息的发送者共享一个密钥的一组接收者。

定义 5.3 直接攻击是指攻击者获取发送者和接收者之间的共享密钥，以使其可以伪装成发送者并成功向接收者发送消息的情况。

第 4 章中的成对密钥共享，实际上是每个接收组仅包含一个接收者。图 5.2a 中的示例显示消息中的每个接收者使用一个 MAC（总共 6 个接收者）的情况。在这种情况下不可能直接攻击。然而，一些 MAC 没有足够的比特数可用于对抗间接攻击（假设消息所有有效载荷里，32bit 被保留用于 MAC，则有些 MAC 将少于 6bit，这意味着间接攻击的成功概率可能超过 3%）。

允许多个接收者共享一个 MAC，可以缓解 MAC 长度有限的问题。简单的解决方案是所有接收者都在同一个接收组中并使用相同的密钥（因此有相同的 MAC），如图 5.2b 所示。这可以提供更多"位"来防止间接攻击，但可能引发直接攻击——一旦接收组中的一个 ECU 受到威胁攻击，它就可以通过伪造消息，直接攻击同一接收组中的其他 ECU。

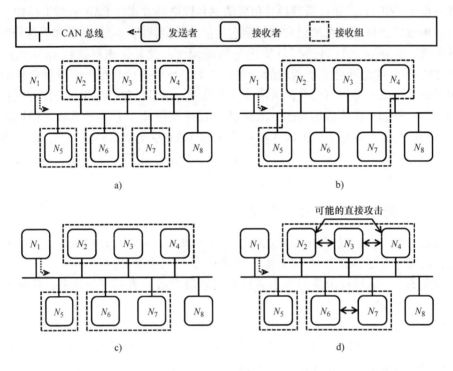

图 5.2　给定由节点 N_1 发送并由 N_i（$2 \leq j \leq 7$）接收的消息

a) 成对密钥分布，需要与消息一起发送 6 个 MAC，并且不存在可能的直接攻击
b) 一键全密钥分发，其中只需要 1 个 MAC，但任何一对接收者之间都可能存在直接攻击
c) 另外一种密解分发，需要 3 个 MAC
d) 一些可能的直接攻击

设计公式探讨了将接收者分配到不同的接收组中来平衡直接攻击和间接攻击。分组是以消息中的总可用 MAC 位、接收者错误接收消息的严重性以及节点可能会受到损害的可能性为依据的。举例来说，如图 5.2c 和图 5.2d 所示，如果 N_5 非常关键，则其所在的接收组中不会再分配其他接收者，这样就保证不会对其进行直接攻击。另一方面，如果 N_6 和 N_7 互相信任而且都很难被攻击破解，那么它们可以被分配在同一个接收组中，因为它们之间的直接攻击的可能性非常低。假设直接和间接攻击风险被定量测量并作为设计输入的参数给出，公式中就会设定约束条件来限制这些风险。

5.1.3 功能安全约束

本章所介绍的方法,其重点是确保具有信息安全机制的设计仍然满足功能路径上的端到端延迟约束,这直接影响到系统的安全性。假设采用异步采样通信方案,可以通过在路径上添加所有任务和全局信号的最坏情况响应时间以及全局的周期来计算路径 π 的最坏情况端到端延迟。信号及其在路径上的目标任务[59]:

$$l_\pi = \sum_{\tau_i \in \pi} r_{\tau_i} + \sum_{\sigma_i \in \pi \land \sigma_i \in S_G} (r_{\sigma_i} + T_{\sigma_i} + T_{dst_{\sigma_i}}) \tag{5.1}$$

式中,r_{τ_i} 和 r_{σ_i} 分别是任务 τ_i 和信号 σ_i 的响应时间;T_{τ_i} 和 T_{σ_i} 分别是 τ_i 和 σ_i 的周期;S_G 是所有全局信号的集合。计算端到端延迟和资源调度的关键是计算任务和消息的响应时间(信号的响应时间等于包含信号的消息的响应时间)。τ_i 的任务响应时间可以计算为

$$r_{\tau_i} = C_{\tau_i} + \sum_{j \in T_H(i)} \left\lceil \frac{r_{\tau_j}}{T_{\tau_j}} \right\rceil C_{\tau_j} \tag{5.2}$$

式中,C_{τ_i} 是 τ_i 的最坏情况执行时间;$T_H(i)$ 是在 τ_i 的同一 ECU 上的一组更高优先级的任务。同样可以计算消息 μ_i 的消息响应时间:

$$r_{\mu_i} = C_{\mu_i} + B_{\mu_i} + \sum_{j \in M_H(i)} \left\lceil \frac{r_{\mu_i} - C_{\mu_i}}{T_{\mu_j}} \right\rceil C_{\mu_j} \tag{5.3}$$

式中,C_{μ_i} 是 μ_i 的消息执行时间;B_{μ_i} 是 μ_i 的阻塞时间;$M_H(i)$ 是比第 i 个消息有更高优先级消息的集合;T_{μ_j} 是 μ_j 的周期时长。给定路径 π 的截止时间 d_π,π 在最坏情况下端到端延迟 l_π 必须小于或等于 d_π。

5.2 映射算法

表 5.1 列出了索引、元素、集合和数量的符号及含义。$\sigma_{i,j}$ 表示从任务 τ_i 到任务 τ_j 的信号(两个任务之间可能存在多个信号;所有这些信号都在考虑范围之内,在公式中通过枚举 $\sigma_{i,j} \in S$ 来完成,其中 S 代表整个信号集)。表 5.2 列出了常数参数的符号及含义,这些参数是设计时的输入。$R_{i,j}$ 由 $\sigma_{i,j}$ 的重要性决定。$R_{i,j,k',k''}$ 取决于 $\varepsilon_{k'}$ 被恶意攻击者控制的可能性的大小以及基于 $\sigma_{i,j}$ 计算 $\varepsilon_{k''}$ 的运算量的多少。$L_{i,j}$ 包括有效载荷数据长度以及其相应计数器的长度,这个值是通过第 4 章中介绍的错误拒绝概率的给定界限来预先确定的。$L'_{i,j,k}$ 是通过第 4 章中介绍的错误接受概率的给定界限来确定的。$R_{i,j}$ 和 $R_{i,j,k',k''}$ 用来表示直接攻击的安全风险,$L'_{i,j,k}$ 用来表示间接攻击的安全风险。当前最大允许的安全风险是信号级的定义,但也只需稍作修改,就可以再变成接收者级或系统级的定义。决策变量符号参见表 5.3。

表 5.1 索引、元素、集合和数量的符号及含义

符号	含义
i, i', j, j'	任务索引
k, k', k''	ECU 索引
l, l', l''	ECU 发出的消息的索引
m	任务多播信号的索引
g	消息接收组索引
h	路径索引
τ_i	第 i 项任务
$\sigma_{i,j}$	τ_i 到 τ_j 的信号
ε_k	第 k 个 ECU
$\mu_{k,l}$	ε_k 的第 l 条消息
$\Gamma_{k,l,g}$	$\mu_{k,l}$ 的第 g 个接收组
π_h	第 h 条路径
$\mathbf{T}$	任务集合
$\mathbf{S}$	信号集合
$\mathbf{E}$	ECU 集合
$\mathbf{M}$	消息集合
$\mathbf{G}_{k,l}$	$\mu_{k,l}$ 接收组的集合
$\mathbf{T}^<_{i,m}$	τ_i 第 m 个多播信号的接收任务集合
$n^{\mathbf{T}}$	任务数量
$n^{\mathbf{S}}$	信号数量
$n^{\mathbf{E}}$	ECU 数量
$n^{\mathbf{M}}_k$	ε_k 的消息数量
$n^{\mathbf{G}}_{k,l}$	$\mu_{k,l}$ 的接收组数量
$n^{\mathbf{P}}$	路径数量

5.2.1 约束

在本节中将介绍包括分配、安全成本和端到端延迟的各种限制条件。如果没有具体说明，变量范围一般是 $1 \leqslant i, j \leqslant n^{\mathbf{T}}$、$1 \leqslant k \leqslant n^{\mathbf{E}}$、$1 \leqslant l \leqslant n^{\mathbf{M}}_k$、$1 \leqslant g \leqslant n^{\mathbf{G}}_{k,l}$ 和 $1 \leqslant h \leqslant n^{\mathbf{P}}$。如果约束对于所有的任务、信号、ECU、消息、接收组或路径都是可以忽略不计的，那么任意符号"$\forall$"可以省略。

表 5.2 常数参数的符号及含义

符号	含义
T^{τ_i}	τ_i 的周期时长
$T^{\sigma}_{i,j}$	$\sigma_{i,j}$ 的周期时长
$T^{\mu}_{k,l}$	$\mu_{k,l}$ 的周期时长
A	CAN 总线发送率

(续)

符号	含 义
$B_{k,l}$	$\mu_{k,l}$ 的阻塞时间
$C_{i,k}$	ε_k 处理 τ_i 的计算时间
D_h	π 的截止时间
$R_{i,j}$	$\sigma_{i,j}$ 最大安全风险
$R_{i,j,k',k''}$	$\varepsilon_{k'}$ 和 $\varepsilon_{k''}$ 共享 $\sigma_{i,j}$ 密钥的安全风险
$L_{i,j}$	$\sigma_{i,j}$ 的数据长度
$L_{k,l,g}$	为 $\Gamma_{k,l,g}$ 预留的 MAC 长度
$L'_{i,j,k}$	如果 ε_k 接收 $\sigma_{i,j}$,$\sigma_{i,j}$ 所需的 MAC 长度
M	线性化常数
H	消息非负荷部分的总长度
P	消息负荷部分的最大长度

表5.3 二元变量（如果条件为真，则它们的值为1）和实数变量的表示法

符号	含 义
$a_{i,k}$	将 τ_i 映射到 ε_k 上
$s_{i,j}$	τ_i 和 τ_j 映射到同一 ECU 上
$t_{i,j,k,l}$	$\sigma_{i,j}$ 映射到 $\mu_{k,l}$ 上
$u_{i,j,k,l}$	$\sigma_{i,j}$ 把自己的长度加到 $\mu_{k,l}$ 上
$v_{k,l}$	$\mu_{k,l}$ 非空
$w_{k',k,l}$	$\varepsilon_{k'}$ 是 $\mu_{k,l}$ 的接收者
$x_{k',k,l,g}$	$\varepsilon_{k'} \in \Gamma_{k,l,g}$
$y_{k,l,g}$	$\Gamma_{k,l,g}$ 非空
$z_{k',k'',k,l}$	$\varepsilon_{k'}$ 和 $\varepsilon_{k''}$ 在 $\mu_{k,l}$ 的同一个接收组
$p_{i,j}$	τ_i 比 τ_j 的优先级高
$p_{k,l,k',l'}$	$\mu_{k,l}$ 比 $\mu_{k',l'}$ 的优先级高
r^{σ_i}	τ_i 的响应时间
$r^{\mu_{k,l}}$	$\mu_{k,l}$ 的响应时间
$r^{\sigma}_{i,j}$	$\sigma_{i,j}$ 的响应时间
$b_{k,l}$	$\mu_{k,l}$ 的总长度
$c_{k,l}$	$\mu_{k,l}$ 的计算时间
l_h	π_h 的最大端到端时延

5.2.1.1 分配与封包约束

$$\forall i, \sum_k a_{i,k} = 1 \quad (5.4)$$

$$\forall i, j, k, \ a_{i,k} + a_{j,k} + s_{i,j} \neq 2 \quad (5.5)$$

公式（5.4）保证 τ_i 被精确地分配给一个 ECU。公式（5.5）保证 $s_{i,j}=1$ 当且仅当存在 k 使得 $a_{i,k}=a_{j,k}=1$ 时，满足 $s_{i,j}$ 的定义。

$$\forall \sigma_{i,j} \in \mathbb{S}, k, \sum_l t_{i,j,k,l} = a_{i,k}(1-a_{j,k}) \quad (5.6)$$

$$\forall \sigma_{i,j} \in \mathbb{S}, k, l, t_{i,j,k,l} \leq v_{k,l} \tag{5.7}$$

$$\forall \sigma_{i,j} \in \mathbb{S}, k, l, t_{i,j,k,l} T^\mu_{k,l} \leq T^\sigma_{i,j} \tag{5.8}$$

$$\forall \sigma_{i,j} \in \mathbb{S}, k, l, t_{i,j,k,l} T^\sigma_{i,j} \leq T^\mu_{k,l} \tag{5.9}$$

公式（5.6）保证 $\sigma_{i,j}$，其源 ECU 是 ε_k 且其目标 ECU 不是 ε_k，恰好被打包成一条消息。如果存在信号被填充到 $\mu_{k,l}$ 中时，则公式（5.7）保证 $v_{k,l}=1$。公式（5.8）和公式（5.9）保证信号的周期等于信号被打包到消息的周期（$T^\sigma_{i,j}=T^\mu_{k,l}$，如果 $t_{i,j,k,l}=1$）。

$$\forall i, k, l, m, \forall \tau_j, \tau_{j'} \in \mathbb{T}^<_{i,m}, t_{i,j,k,l} = t_{i,j',k,l} \tag{5.10}$$

$$\forall i, k, l, m, \forall \tau_j \in \mathbb{T}^<_{i,m}, t_{i,j,k,l} = \sum_{\tau_{j'} \in \mathbb{T}^<_{i,m}} u_{i,j',k,l} \tag{5.11}$$

公式（5.10）保证多播信号的每个分支都映射到同一个消息。公式（5.11）保证多播信号的一个分支将其长度添加到消息中。

5.2.1.2 信息安全约束

$$\forall \sigma_{i,j} \in \mathbb{S}, k', k, l, a_{j,k'} + t_{i,j,k,l} - 1 \leq w_{k',k,l} \tag{5.12}$$

$$\forall k', k, l, \sum_g x_{k',k,l,g} = w_{k',k,l} \tag{5.13}$$

$$\forall k', k, l, g, x_{k',k,l,g} \leq y_{k,l,g} \tag{5.14}$$

公式（5.12）保证 $\varepsilon_{k'}$ 是 μ_k 的接收者，当存在信号 $\sigma_{i,j}$，使得 τ_j 映射到 $\varepsilon_{k'}$ 并且 $\sigma_{i,j}$ 映射到 $\mu_{k,l}$。公式（5.13）保证每个接收者恰好在一个接收组中。公式（5.14）保证 $y_{k,l,g}=1$，当在接收组 $\Gamma_{k,l,g}$ 中存在映射到 $\mu_{k,l}$ 的信号。

$$\forall k', k'', k, l, g, x_{k',k,l,g} + x_{k'',k,l,g} + z_{k',k'',k,l} \neq 2 \tag{5.15}$$

公式（5.15）保证 $z_{k',k'',k,l}=1$ 当且仅当存在 g 使得 $x_{k',k,l,g} = x_{k'',k,l,g}=1$，满足 $z_{k',k'',k,l}$ 的定义。

$$\forall \sigma_{i,j} \in \mathbb{S}, k, l, \sum_{k',k''} t_{i,j,k,l} \times w_{k',k,l} \times w_{k'',k,l} \times z_{k',k'',k,l} \times R_{i,j,k'k''} \leq R_{i,j} \tag{5.16}$$

$$\forall \sigma_{i,j} \in \mathbb{S}, k', k, l, g, a_{j,k'} \times t_{i,j,k,l} \times x_{k',k,l,g} \times L'_{i,j,k'} \leq L_{k,l,g} \tag{5.17}$$

公式（5.16）保证安全风险（成本）不大于安全风险（成本）的上限。公式（5.17）保证所需 MAC 长度不大于预留的 MAC 长度。

被危害 ECU 的影响程度在风险参数 $R_{i,j,k',k''}$ 中考虑。如前所述，$R_{i,j,k',k''}$ 取决于 ε_k 被恶意攻击者控制的可能性，$\varepsilon_{k''}$ 的计算量取决于 $\sigma_{i,j}$。这种关系也可以通过建模来描述：首先引入参数 R_k 作为 ε_k 被破坏的可能性，然后将 $R_{i,j,k',k''}$ 作为 R_k 和其他因素的线性函数。在本章中，会假设 $R_{i,j,k',k''}$ 已给出，公式将侧重于解决对安全关键消息的伪造和重放攻击。

5.2.1.3 端到端延迟约束

对于端到端延迟约束，公式将首先对优先级分配进行建模，然后计算任务和消息响应时间，最后设置路径上的延迟约束。

$$p_{i,j} + p_{j,i} = 1 \tag{5.18}$$

$$p_{i,j} + p_{j,j'} - 1 \leqslant p_{i,j'} \tag{5.19}$$

$$p_{k,l,k',l'} + p_{k',l',k,l} = 1 \tag{5.20}$$

$$p_{k,l,k',l'} + p_{k',l',k'',l''} - 1 \leqslant p_{k,l,k'',l''} \tag{5.21}$$

公式（5.18）~公式（5.21）保证优先级分配是可行的。

$$\forall i, r_i^\tau = \sum_k a_{i,k} \times C_{i,k} + \sum_j \sum_k a_{i,k} \times a_{j,k} \times p_{j,i} \times \left\lceil \frac{r_i^\tau}{T^\tau} \right\rceil \times C_{j,k} \tag{5.22}$$

公式（5.22）计算 τ_i 的任务响应时间。

$$\forall k, l, b_{k,l} = H + \sum_{\sigma_{i,j} \in \mathbb{S}} u_{i,j,k,l} L_{i,j} + \sum_g y_{k,l,g} L_{k,l,g} \tag{5.23}$$

$$\forall k, l, \ b_{k,l} \leqslant H + P \tag{5.24}$$

$$\forall k, l, c_{k,l} = \frac{b_{k,l}}{A} \tag{5.25}$$

公式（5.23）计算 $\mu_{k,l}$ 的总长度，综合考虑数据有效载荷、计数器和 MAC 长度等因素。公式（5.24）保证消息总长度不超过限制。公式（5.25）计算 $\mu_{k,l}$ 的运算时间。

$$\forall k, l, r_{k,l}^\mu = B_{k,l} + c_{k,l} + \sum_{k',l'} v_{k',l'} \times p_{k,l',k,l} \times \left\lceil \frac{r_{k,l}^\mu - c_{k,l}}{T_{k'l'}^\mu} \right\rceil \times c_{k',l'} \tag{5.26}$$

公式（5.26）计算对消息 $\mu_{k,l}$ 的响应时间。

$$\forall \sigma_{i,j} \in \mathbb{S}, k, l, r_{k,l}^\mu - M(1 - t_{i,j,k,l}) \leqslant r_{i,j}^\sigma \tag{5.27}$$

$$\forall \sigma_{i,j} \in \mathbb{S}, k, l, r_{i,j}^\sigma \leqslant r_{k,l}^\mu + M(1 - t_{i,j,k,l}) \tag{5.28}$$

$$\forall \sigma_{i,j} \in \mathbb{S}, \ r_{i,j}^\sigma \leqslant M(1 - s_{i,j}) \tag{5.29}$$

公式（5.27）~公式（5.29）计算信号 $\sigma_{i,j}$ 的响应时间。如果 $\sigma_{i,j}$ 映射到 $\mu_{k,l}$，那么 $r_{i,j}^\sigma = r_{k,l}^\mu$；否则，如果没有映射到任何消息（其源 ECU 和目标 ECU 相同），则 $r_{i,j}^\sigma = 0$。

$$\forall h, \sum_{\tau_i \in \pi_h} r_i^\tau + \sum_{\sigma_{i,j} \in \pi_h} (r_{i,j}^\sigma + (1 - s_{i,j})(T_{i,j}^\sigma + T_j^\tau)) \leqslant D_h \tag{5.30}$$

公式（5.30）计算 π_h 的最大端到端延迟，并保证满足其截止时限约束条件。

5.2.1.4 线性转换约束

在上述约束的表述中，有四种情况其公式不是线性的。它们是三个二元变量［公式（5.5）和公式（5.15）］的求和不等式，上限函数［公式（5.22）和公式（5.26）］，两个二元变量的乘法［公式（5.6），公式（5.16），公式（5.17），公式（5.22）和公式（5.26）］，以及一个二元变量和一个非整数变量的乘法［公式（5.22）和公式（5.26）］。前三种情况可以根据其具体表示转换为等效的线性公式。第四种情况更为通用，可以通过引入一个大的常数 M 转换成等效的线性公式。转换为线性约束的细节解释如下：

- 公式（5.5）和公式（5.15）中三个二元变量的求和不等式：如果 α、β 和

γ 是二元变量,那么约束 $\alpha+\beta+\gamma\neq 2$ 被以下三个约束所取代:

$$\alpha+\beta-\gamma\leqslant 1 \tag{5.31}$$

$$\alpha-\beta+\gamma\leqslant 1 \tag{5.32}$$

$$-\alpha+\beta+\gamma\leqslant 1 \tag{5.33}$$

- 公式 (5.22) 和公式 (5.26) 中的上限函数:如果 α 是一个函数且 $[\alpha]$ 存在于约束中,那么 $[\alpha]$ 被整数变量 β 代替并添加一个约束(当 α 为线性函数时是线性约束):

$$0\leqslant\beta-\alpha\leqslant 1 \tag{5.34}$$

公式 (5.6)、公式 (5.16)、公式 (5.17)、公式 (5.22) 和公式 (5.26) 中两个二元变量的乘法:如果 α 和 β 是二元变量且约束中存在 $\alpha\times\beta$,则 $\alpha\times\beta$ 被二进制变量 γ 代替,并添加一个约束:

$$\alpha\times\beta=\gamma \tag{5.35}$$

接下来,$\alpha\times\beta=\gamma$ 可以用等效约束代替:

$$\alpha+\beta-1\leqslant\gamma \tag{5.36}$$

$$\gamma\leqslant\alpha \tag{5.37}$$

$$\gamma\leqslant\beta \tag{5.38}$$

实际上,如果 $1\leqslant i\leqslant n$,α_i 是二元变量,并且约束中存在 $\Pi_{1\leqslant i\leqslant n}\alpha_i$,则 $\Pi_{1\leqslant i\leqslant n}\alpha_i$ 由二元变量 γ 代替,并添加一个约束:

$$\prod_{1\leqslant i\leqslant n}\alpha_i=\gamma \tag{5.39}$$

接下来,$\Pi_{1\leqslant i\leqslant n}\alpha_i=\gamma$ 可以用等效约束代替:

$$\sum_{1\leqslant i\leqslant n}\alpha_i-(n-1)\leqslant\gamma \tag{5.40}$$

$$\forall i,\gamma\leqslant\alpha_i \tag{5.41}$$

- 公式 (5.22) 和公式 (5.26) 中一个二元变量和一个非整数变量的乘法:如果 α 是二元变量,β 是非整数变量,约束中存在 $\alpha\times\beta$,则 $\alpha\times\beta$ 被约束中的非整数变量 γ 替换并添加一个约束:

$$\alpha\times\beta=\gamma \tag{5.42}$$

接下来,$\alpha\times\beta=\gamma$ 可以用等效约束代替:

$$0\leqslant\gamma\leqslant\beta \tag{5.43}$$

$$\beta-M(1-\alpha)\leqslant\gamma\leqslant M\alpha \tag{5.44}$$

通过应用这些规则,可以将方程式转换为 MILP 方程式。

5.2.2 目标函数

通过定义目标函数,可以最小化所选路径的端到端总延迟:

$$\forall \pi_h, l_h = \sum_{\tau_i\in\pi_h} r_i^\tau + \sum_{\sigma_{i,j}\in\pi_h} (r_{i,j}^\sigma + (1-s_{i,j})(T_{i,j}^\sigma + T_j^\tau)) \tag{5.45}$$

$$\min \sum_{\pi_h \in \mathbb{P}} l_{\pi_h} \tag{5.46}$$

式中，l_{π_h} 是 π_h 的最大端到端延迟；$\mathbb{P}$ 是所选路径的集合。也可以通过微调以使安全风险最小化来定义目标函数。

5.2.3 基于 MILP 的算法

上面介绍的 MILP 公式尽管是最佳解决方案，但比较复杂。为了达到工业级复杂性的要求，下文提出了一个三步算法，其中每一步都以简化的 MILP 公式（源自原始的最佳 MILP）解决部分映射问题。算法流程如图 5.3 所示。

- 第一步，假设①每个消息仅被保留用于一个信号；②每个消息中包括信号的最大所需长度的 MAC；③通过速率单调策略分配消息的优先级，即具有较小时长的消息具有较高优先级。基于这些假设，上面介绍的 MILP 公式被简化以优化任务分配和任务优先级设定。
- 第二步，根据第一步的任务分配和任务优先级，在假定每个消息中包括具有信号的最大所需长度的 MAC 的基础上，继续优化简化的 MILP 公式中的信号打包和消息优先级设定。
- 第三步，基于上两步的任务分配、信号打包以及任务和消息优先级设定，对接收组分配进行优化。对于每个消息，其长度被最小化，并且其接收组分配满足安全风险的约束条件（防止直接攻击）和所需 MAC 长度的要求（防止间接攻击）。

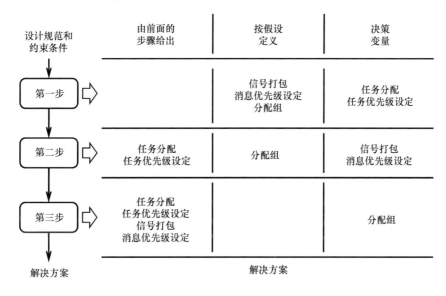

图 5.3 基于 MILP 的三步算法流程，其中"分配组"是指"接收组分配"。任务分配和任务优先级设定在第一步中解决；信号打包和消息优先级设定在第二步中解决；接收组分配在第三步中解决

设计第一步是因为，根据观察：任务分配和优先级设定通常对路径延迟具有最显著的影响，解决这些问题可以显著简化后续步骤。第二步和第三步进一步降低了复杂性。此外，如果设计人员已经了解现有的映射系统，并希望通过使用不同的密钥共享策略来提高安全级别，则他可以直接应用第三步中的 MILP 公式。

5.3 扩展

本节重点关注基于路径安全约束条件和目标函数的新公式。公式其他部分与上一节中的相似。本节还将提出一种新的有效的映射算法。

5.3.1 基于路径的安全约束

5.2 节中有两种类型的安全约束。第一种保证直接攻击信号的安全风险不大于其允许的最大安全风险，如公式（5.16）所列。第二种类型的安全约束通过分配足够的 MAC 长度来限制间接攻击的安全风险，如公式（5.17）所列。上述基于信号的安全约束并未完全反映真实的安全要求。如前所述，安全要求应根据传感器到执行器的路径来定义。如图 5.4 所示，保护 $\mu_{1,1}$ 和 $\mu_{3,1}$ 是不够的，因为攻击者仍然可以攻击 $\mu_{2,1}$ 并导致在 ε_4 上触发 τ_4。因此，在本节中，应用以下约束：首先保证直接攻击路径的安全风险不大于其允许的最大安全风险：

$$\forall \pi_h, \sum_{\sigma_j \in \pi_h} \sum_{\mu_{k,l}} \sum_{\varepsilon_{k'}, \varepsilon_{k''}} x_{j,k,l,k',k''} \times R_{j,k',k''} \leqslant R_h \tag{5.47}$$

式中，R_h 是 π_h 所允许的最大安全风险。同样，R_h 由系统设计者决定，它应该取决于 π_h 的重要程度。第二种安全约束保证路径中所有信号的 MAC 长度足够长：

$$\forall \pi_h, \sigma_j \in \pi_h, \varepsilon_{k'}, \mu_{k,l}, \Gamma_{k,l,g}, y_{j,k',k,l,g} \times L_h \leqslant L_{k,l,g} \tag{5.48}$$

式中，L_h 是 π_h 中任一信号所需的 MAC 长度。

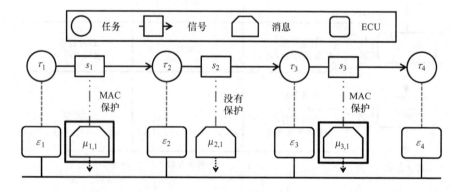

图 5.4 应该考虑可能触发执行器的攻击，通过基于路径的安全约束来建立安全模型。保护 $\mu_{1,1}$ 和 $\mu_{3,1}$ 是不够的，因为攻击者仍然可以攻击 $\mu_{2,1}$ 并导致在 ε_4 上触发 τ_4

公式（5.48）可以通过分配适当的 MAC 长度转换为公式（5.17）。但是，公式（5.47）不能通过将路径的最大允许安全风险分配到其信号中而转化为公式（5.16）。因为任务图中可能存在分叉，并且信号可能涉及许多路径。因此，将新公式简化为原公式很难，有必要提出新公式。

5.3.2　目标函数

为了最大限度地降低直接攻击的安全风险，直接攻击的主要目标函数可以定义为

$$\min \sum_{\pi_h} \Big(\sum_{\sigma_j \in \pi h} \sum_{\mu_{k,l}} \sum_{\varepsilon_{k'},\varepsilon_{k''}} x_{j,k,l,k',k''} \times R_{j,k',k''} \Big) \tag{5.49}$$

如果直接攻击的安全风险被最小化了，还可以尝试增加 MAC 长度，从而最大限度地降低间接攻击的安全风险。但是，由于直接攻击更具威胁性，因此以下算法将重点放在最小化直接攻击的安全风险上，如公式（5.49）所示。

5.3.3　算法

下文提出一种高效的启发式优化算法来解决公式扩展问题。任务分配和优先级设定通常对目标影响最大，解决它们可以显著简化后续步骤，因此它们是所提出方法中首先要解决的两个问题。

5.3.3.1　任务分配

首先，计算每对任务的连通性。两个任务之间的连通性就是两个任务之间的信号在路径中的次数的加权总和，以及两个任务之间的信号在安全关键路径中的次数。这个定义确保两个任务之间的连通性越高，将它们分配到同一个 ECU 就越有利（从最小化端到端时延和最小化安全风险方面来看）。在计算每对任务的连通性之后，对于每个 ECU，选择连通性最高的任务对（在尚未分配的任务中）将它们两者分配给该 ECU。然后，（在尚未分配的任务中）选择一个任务，这个任务与已经分配给当前 ECU 上的所有任务连通性最高，那么将这个任务分配给该 ECU。该算法重复选择一个任务并将其分配给 ECU，直到再将任务分配给 ECU，ECU 的利用率就会超过阈值时结束。如果将任务再分配给 ECU 就会使 ECU 的利用率超过阈值时，则算法将考虑下一个 ECU，如图 5.5 所示。给定图 5.5a 中的任务图，算法计算每对任务的连通性，如图 5.5b 所示。之后，选择 τ_3 和 τ_4 并分配给 ε_2。然后，选择 τ_1，但算法假定将 τ_1 分配给 ε_2 使得 ε_2 的利用率超过阈值。结果，τ_1 和 τ_2 被分配给 ε_1，最终分配如图 5.5c 所示。

5.3.3.2　任务优先级分配

任务优先级根据速率单调策略分配，即具有较小周期的任务具有较高优先级。但是，如果任务的计算时间大于阈值，则其优先级将变低。因为需要大量计算时间的任务可能长时间阻塞其他任务。

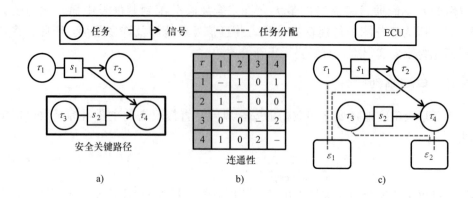

图 5.5 a) 给定任务图、b) 计算连通性和 c) 将任务分配给 ECU

5.3.3.3 信号封包

信号封包以贪婪的方式完成。对于每个信号，算法试图找到满足以下条件的消息：信号和消息具有相同的周期，信号的源任务被分配给消息的源 ECU，并且有足够的有效载荷空间承载信号及其 MAC（该算法假设每个接收 ECU 都有自己的接收组）。如果算法发现有消息满足以上条件，则将信号打包到该消息中；否则，信号将被打包成一个空消息。

5.3.3.4 消息优先级分配

还是根据速率单调策略分配消息优先级，即具有较小周期的消息具有较高优先级。

5.3.3.5 接收组分配

接收组分配也以贪婪的方式完成。对于消息的每个接收 ECU，该算法试图找到该消息的接收组，使得将 ECU 添加到接收组中不违反直接攻击的安全约束条件，如公式（5.47）所述。如果算法找到满足条件的接收组，则 ECU 被分配给接收组，并且可能需要增加接收组的 MAC 长度以满足间接攻击的安全约束条件，如公式（5.48）所示；否则，ECU 被分配给空接收组。该算法假设每个接收 ECU 在第三步中都有自己的接收组，因此将两个接收 ECU 分配给同一个接收组不会增加消息的长度。

5.4 实验结果

以上工作的测试结果见文献［59］。该测试用例支持先进的分布式功能，端到端计算收集 360°传感器到执行器的数据，包括加速踏板、制动和转向子系统以及先进的人机界面设备。该架构平台由9个ECU组成,这些ECU通过单路CAN[3]或CAN-FD[4]总线连接,速度为500kbit/s。功能模型包括41个任务和83个信号。出于功能安全要求,选择了171个路径,截止时限为300ms或100ms。出于信息安全要求,选择了50个信号,其中所需的MAC长度范围为10~30bit(CAN)和64~128bit(CAN-FD)(CAN-FD消息长度更长,能够提供更多MAC位,因此通信更安全)。简化了每个信号的最大允许安全风险,因此同一个接收组将分配到的ECU不多于2个,即公式(5.16)所示的 $2 \leqslant \dfrac{R_{i,j}}{R_{i,j,k',k''}} < 3$。该程序使用C/C++实现。用CPLEX 12.5作为MILP解算器。在4GB RAM、2.5GHz处理器上运行实验。下面将基于MILP的算法与应用成对密钥分发和一键全密钥分发的贪婪启发式和非集成方法进行了比较。

5.4.1 与贪婪启发式算法的比较

为了与基于MILP的算法进行比较,我们也实现了贪婪启发式算法。首先,它计算每个任务对之间的权重,该权重表示通过使两个任务之间的信号变为本地信号(即,将两个任务映射到同一ECU上)来估计我们可以获得多少益处。这种估计取决于减少路径时延和安全性增强的潜在收益(本地信号没有伪装和重放攻击的风险)。然后,贪婪启发式尝试将任务聚类并将它们分配到同一个ECU上:检查是否可以在不违反使用限制的情况下将两个任务分配到同一个ECU上(如果两个任务已分配给不同的ECU,则检查是否可以将这两个ECU的所有任务分配到一个ECU上)。一旦确定了任务分配,它就以贪婪的方式将信号打包成消息,即只要组合的消息满足大小约束,它就合并两个消息,并且只要安全性约束允许,它就合并MAC。最后,它根据速率单调策略分配优先级。

结果见表5.4。对于CAN协议,基于MILP的算法可以找到满足所有设计约束条件的解决方案。第一步中,在3 600s内,求解器找到的最佳解的目标值是11 070.61ms。截止时限为300ms和100ms的路径中最大的时延分别为127.92ms和90.72ms。第二步中,程序在600s结束,目标值是11 069.88ms。截止时限为300ms和100ms的路径中最大的时延分别为127.82ms和90.62ms。在第三步中,程序在几秒内结束,目标值是11 069.62ms。截止时限为300ms和100ms的路径中最大的时延分别为127.79ms和90.59ms。第二步和第三步中的时延目标几乎没有改进,因为与导致模型中路径时延的任务和消息周期因素相比,消息响应时间要小得多。但是,第二步和第三步可以将总线负载分别从76.92kbit/s降低到45.57kbit/s和31.52kbit/s。

表5.4 基于MILP算法的每个步骤的目标（所选路径的时延总和）、最大时延、负载和运行时间，其中"Max L_{300}"和"Max L_{100}"是路径中的最大时延限制，分别为300ms和100ms

	步骤 (X)	X步后的结果				
		目标值/ms	Max L_{300}/ms	Max L_{100}/ms	总线负载 /(kbit/s)	运行时间/s
CAN	1	11070.61	127.92	90.72	76.92	3 600
	2	11069.88	127.82	90.72	45.57	<600
	3	11069.62	127.79	90.59	31.52	<10
CAN–FD	1	11075.08	128.56	91.22	211.74	3 600
	2	11073.67	128.39	91.05	176.47	<600
	3	11071.69	128.14	90.80	98.33	<10

相比之下，贪婪启发式算法的目标是23 114.50ms，同时满足所有设计约束。它的运行时间是1.4s，但是目标值比使用基于MILP算法的值要差很多。主要原因是因为停留在只利用局部最小值上，这是启发式算法的常见问题。

对于CAN–FD协议，基于MILP的算法也能找到满足所有设计约束的解决方案。目标、最大时延和总线负载会增加，因为所需的MAC长度要长得多（128bit到64bit）。同样，第二步和第三步分别将总线负载从211.74kbit/s降低到176.47kbit/s和98.33kbit/s，显示了信号打包的有效性和密钥分配方案的灵活性。另一方面，由于需要更长的MAC长度，贪婪启发式在这种情况下找不到可行的解决方案（总线速度为500kbit/s）。事实上，我们发现只有当我们将总线速度提高到4 000kbit/s时，启发式算法才能找到可行的解决方案。

5.4.2 与非集成方法的比较

进行的另外两个实验在第一步和第二步中没有明确考虑安全约束（仅依据时间约束解决传统映射问题），仅在第三步中尝试添加MAC位和密钥分发。第一个实验，在第一步和第二步中，限制所有消息在打包信号时应最多留32bit用于数据，即剩下的32bit可用于MAC位。然后，在第三步中，发现没有可行的方案进行成对密钥分发或一键全密钥分发。其原因是对于某些消息，成对密钥分发需要超过32bitMAC位，而对于某些消息而言，一键全密钥分发会带来过高的安全风险。在第二个实验中，在第一步和第二步中，没有对数据的比特数设置任何约束，即可以使用有效载荷中的所有64bit。然后，在第三步中，发现没有办法进行成对密钥分发、一键全密钥分发或灵活密钥分发。这是因为某些消息几乎使用所有64bit，因此无法再将MAC添加到这些消息中。这两个实验的结果表明，在映射过程中有必要考虑安全性和其他指标；否则，以后再添加安全措施可能很困难甚至不可能。

5.4.3 扩展

CAN 和 CAN – FD 有三种设置。第一个与上面描述的相同。出于信息安全要求，选择 50 个信号，所需的 MAC 长度范围为 CAN 10~30bit，CAN – FD 64~128bit。信号的最大允许安全风险是不能将超过 2 个 ECU 分配给同一个接收组。第二个设置用基于路径的安全约束替换基于信号的安全约束，其中选择 30 个路径，并且它们所需的 MAC 长度范围也是 CAN 10~30bit，CAN – FD 64~128bit。路径的最大允许安全风险是考虑到路径中的所有信号，可以将不超过 2~5 个 ECU 分配给同一个接收组。第三个设置通过最小化安全风险替换第二个设置中的目标函数，如公式（5.49）所列。

表 5.5 基于 MILP 的算法、贪婪启发式算法和扩展算法之间的比较。
"×"表示"没有可行的解决方案"。在第三种情况下，目标包括直接攻击和间接攻击的风险

			安全约束条件和目标函数		
			基于信号且时延最小化	基于路径且时延最小化	基于路径且安全风险最小化
CAN	基于 MILP 的算法	目标/ms	11069.62	13420.64	0（直接）和 7.05×10^{-3}（间接）
		运行时间/s	>3600	>3600	>3600
	贪婪启发式算法	目标/ms	23114.50	—	—
		运行时间/s	<1.5	—	—
	扩展算法	目标/ms	13789.64	13789.47	0（直接）和 6.05×10^{-3}（间接）
		运行时间/s	<0.5	<0.5	<0.5
CAN – FD	基于 MILP 的算法	目标/ms	11071.69	13422.59	0（直接）和 3.79×10^{-19}（间接）
		运行时间/s	>3600	>3600	>3600
	贪婪启发式算法	目标/ms	×	—	—
		运行时间/s	×	—	—
	扩展算法	目标/ms	13863.31	13683.14	0（直接）和 3.25×10^{-19}（间接）
		运行时间/s	<0.5	<0.5	<0.5

表 5.5 显示了基于 MILP 的算法、贪婪启发式（不能处理基于路径的安全性约束）和扩展算法之间的比较。在第一个设置中，扩展算法的目标为 13 789.64ms，大于基于 MILP 的方法。扩展算法的运行时间小于 0.5s，而基于 MILP 的方法（在如此短的时间内找不到可行的解决方案）需要 1h 以上。基于 MILP 的方法会因超时而终止，因此需要更多时间才能完成运行。另一方面，扩展算法明显优于贪婪启发式算法。

在第二种设置中，扩展算法获得与基于 MILP 的方法相当的目标，但运行时间却少很多。解决方案水平基本相同，因为具有连通性概念的扩展算法可以高效地找

到好的任务分配方案。另一方面，尽管 MILP 公式对于任务分配和任务优先级是最优的，但其运行时间太长。因此，当它超时中断时，其解决方案水平不会明显优于扩展算法。这表明任务分配和任务优先级设定对于目标最小化非常关键，并且为扩展算法添加好的搜索算法可以得到更好的结果。

在第三种设置中，目标包括直接攻击和间接攻击的风险。直接攻击的风险在公式（5.49）中定义。间接攻击的风险是攻击者准确猜出 MAC 的概率的总和。直接攻击的风险被最小化为 0，因为每个接收 ECU 都有自己的密钥和 MAC，并且较高的开销不会违反任何约束。扩展算法具有较低的间接攻击风险，因为其任务分配倾向于将处于安全关键路径中的信号的源任务和目标任务分配给同一 ECU。鉴于没有直接攻击，可以通过增加 MAC 长度来降低间接攻击的风险。在这种情况下，间接攻击的风险可以进一步从 6.05×10^{-3} 和 3.25×10^{-19} 分别降低到 1.53×10^{-5} 和 1.09×10^{-37}（几乎每个 CAN – FD 的 MAC 都可以高达 128bit）。

5.5 总结

本章提出了一种充分利用基于 CAN 系统的设计可能来实现功能安全和信息安全的解决方案。给出的 MILP 公式通过任务分配、信号打包、MAC 共享和优先级分配来满足功能安全和信息安全约束条件。本章进一步介绍了扩展公式，它定义了基于路径的安全约束并直接降低了安全风险，引入了一种新的启发式算法来更有效地解决问题。实验结果表明，这些方法可以有效地充分尝试设计的各种可能，以满足系统的功能安全和信息安全要求。

第 6 章　基于 TDMA 系统的安全需求映射

本章重点介绍从安全性角度出发，设计基于时分多址（TDMA）的实时分布式系统。基于 TDMA 的协议是典型的同步协议，是许多现有协议的抽象，例如 FlexRay[7]、时间触发协议[45]和时间触发以太网协议[44]。这些协议的安全性至关重要，因为它们可预测时序行为，所以被越来越多地应用于各种高安全级别的关键系统，如汽车和航空电子系统。与基于优先级的网络（如 CAN 协议）相比，基于 TDMA 的系统在系统建模（特别是时延模型）、安全机制选择（出于安全考虑有可用的全局时间）、设计可能性（这里需要考虑网络调度，但基于 CAN 的系统则不必考虑这点），以及算法设计等方面存在根本差异。因此，前一章中基于 CAN 系统的方法不适用于基于 TDMA 的系统。需要重新考虑适当的安全机制，并开发一套新的方法和算法来充分利用设计空间。

有许多安全机制可以应用于基于 TDMA 的系统。对于消息的身份验证，合法发件人和接收者通常共享密钥，以便它们可以使用密钥来计算消息身份验证代码（MAC）并防止伪造攻击。如第 3 章中所述，密钥管理策略分为几类[55]：一键全密钥分发、成对密钥分发、非对称密码和密钥的延时释放[2]。一键全密钥分发很简单，但不适用于分布式系统，因为它不能防止来自组中节点的伪造攻击。成对密钥分发可以防止这种伪装攻击，但它的可扩展性有限，因为消息量随着网络中节点的数量而迅速增加。非对称加密（私钥和公钥）方法提供了更高的安全级别，但是使用非对称密码时其计算开销要高得多，这使得它难以在资源有限的实时分布式系统中使用。与这三种方法相比，密钥的延时释放方法最适合实时分布式信息物理系统，因为它较好地平衡了安全级别与计算和通信开销[55]。例如，高时效流丢失容忍认证（TESLA）[37,38]机制就是基于密钥延时释放的一种安全机制。

尽管基于 TDMA 的系统使用时间延迟的密钥释放是一种经济的选择，但仍然会给实时信息物理系统中的通信和计算带来大量的时序开销。特别是由于等待密钥释放，消息延迟可能会显著增加，并且端到端时延可能违反截止时限要求。为了保证系统安全和性能，要确保这种安全机制的使用不会违反任何时序约束。本章将消息的时间延迟释放应用于消息认证，以防止对基于 TDMA 协议的攻击，并提供了在满足安全性和时序要求的同时充分利用设计空间的公式和算法，从功能模型到架构模型的映射过程中优化任务分配、优先级分配、网络调度和密钥释放间隔长度，同时考虑安全机制的开销和端到端截止时限。这是第一个在基于 TDMA 的实时分布式系统的时间延迟释放密钥的系统级映射过程中解决了信息安全和功能安全的约束问题的安全机制。

这里将模拟退火算法与一系列有效的优化启发法相结合开发了一种算法，用于安全需求映射。特别提出了网络调度器和传输延迟分析器（能够在单交换网络中输出精确解决方案）以优化网络调度并分析最大传输延迟。网络调度器和延迟分析器可以处理实时分布式系统中的常见场景——同步和异步消息到达。例如，在时间触发的以太网协议中，网络调度器和延迟分析器可以匹配时间触发（TT）消息和速率约束（RC）消息。案例研究和实验结果显示了算法的有效性和效率，并证明了在设计阶段考虑安全指标的必要性。

本章包括以下内容：6.1 节介绍系统模型；6.2 节介绍延时密钥延时释放；6.3 节介绍映射算法；6.4 节和 6.5 节分别是实验结果和总结。

6.1 系统模型与公式

本章讨论的映射问题与基于平台的设计范例[47]和第 3 章中的方法密切相关。其中，功能模型和架构平台在初始阶段分别获取，然后通过映射过程汇集在一起，这意味着功能模型会在架构平台上部署实现。此外，映射过程中还要满足各种目标和约束条件并进行优化。

图 6.1 与第 5 章中的系统模型类似：功能模型是由一组任务组成的任务图，由 $\mathbb{T} = \{\tau_1, \tau_2, \cdots, \tau_{|\mathbb{T}|}\}$ 表示，还有一组信号，用 $\mathbb{S} = \{\sigma_1, \sigma_2, \cdots, \sigma_{|\mathbb{S}|}\}$ 表示。信号位于源任务和目标任务之间。任务被定期激活，并通过信号相互通信。架构模型是一个分布式平台，由一组计算节点组成，用 $\mathbb{E} = \{\varepsilon_1, \varepsilon_2, \cdots, \varepsilon_{|\mathbb{E}|}\}$ 表示。假设节点支持基于优先级的抢占式任务调度。节点通过基于 TDMA 的交换机连接（本章重点介绍单交换情况，也可以扩展到多交换情况）。通过交换机在节点之间传递的一组消息由 $\mathbb{M} = \{\mu_1, \mu_2, \cdots, \mu_{|\mathbb{M}|}\}$ 表示。交换机使用基于 TDMA 的模型进行调度，可以将每个时隙调度分配给一个消息。几个时隙形成一个周期，网络交换机在每个周期后重复相同的调度序列。调度中的时隙可能是空的（未分配给任何消息），也可能在一个周期中有多个时隙分配给同一消息。在映射过程中，功能模型被落实到架构平台上，如图 6.1 所示。具体而言，任务以其优先级分配到节点上，并且信号被映射到消息上并在网络上传输。消息被周期性地触发，每个消息包含映射到消息的信号的最新值。

本章考虑了三种可能的攻击类型[55]，包括探测现有节点的端口、替换现有节点，以及连接交换机空端口。下一节中介绍的密钥[2,37,38,55]的延时释放可以对抗这些攻击。

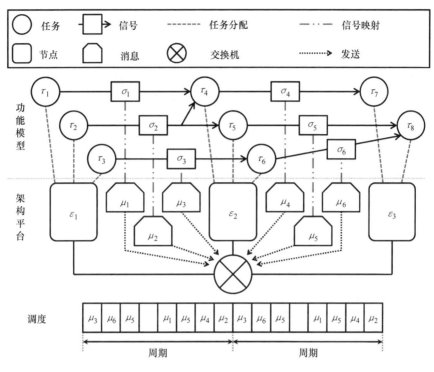

图 6.1 基于 TDMA 的系统模型

6.2 密钥延时释放

定义 6.1 数据包是消息的实例。

密钥的延时释放是验证消息真实性的常用方法。在这种安全机制中,每个发送者都维护一个密钥链,其中密钥链中的密钥是逆序计算出的,以提供容错。通常,密钥链中的密钥不用于计算 MAC,而用于计算其他密钥,再用这些密钥计算 MAC[37,38]。发件人控制间隔,并使用相同的密钥在一个时间间隔内计算 MAC。当发送方打算在一个时间间隔内发送一个数据包时,它会使用该时间间隔内的相应密钥来计算 MAC,然后发送包含数据、MAC 和以前几个间隔使用的密钥的数据包。当接收方接收到数据包时,它首先存储数据和 MAC。一旦接收方收到相应的密钥(将在几个间隔后由发送方释放),它就可以验证该数据包。

图 6.2 显示了密钥的延时释放示例,包括用于计算 MAC 密钥和逐时段释放的密钥。当发送方打算在间隔 1 中发送数据 D_1 时,它使用密钥 K_1 来计算 MAC M_1 并发送 (D_1, M_1, K_{-1}),其中 K_{-1} 是之前两个间隔中使用的密钥。接收方接收后首先存储 D_1 和 M_1。在间隔 3 中,发送方发送 (D_6, M_6, K_1)。当接收方接收到数据包时,它使用 K_1 对 (D_1, M_1, K_{-1}) 进行身份验证。

定义 6.2 对于给定数据包 P,数据包的发送时间 T_S 是其发送者发送它的时间。数据包的接收时间 T_R 是其接收者收到它的时间。数据包的密钥接收时间 T_K 是其接收者(第一次)收到其相应密钥的时间。

密钥延时释放[37,38]的安全要求:如果该数据包的接收时间是在其相应的密钥被取消之前(否则可以进行伪造攻击),则该数据包是安全的。即对于每个数据包,

$$T_R < T_I \tag{6.1}$$

式中,T_I 是发布数据包的相应密钥的时间间隔的开始时间。

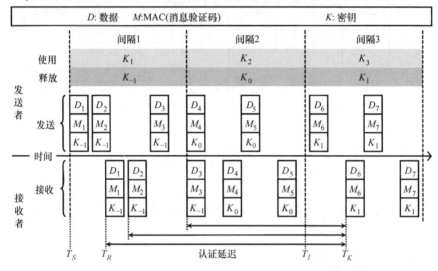

图 6.2 密钥的延迟释放。T_S、T_R 和 T_K 分别是数据包的发送时间、接收时间和密钥接收时间(D_1,M_1,K_{-1})。T_I 是间隔 3 的开始时间

在图 6.2 的示例中,由于发送方使用 K_1 来计算数据包(D_3,M_3,K_{-1})的 M_3,并且数据包在间隔 2 中到达接收方,因此发送方必须等到间隔 3 才能释放 K_1。

定义 6.3 给定数据包 P,数据包的传输延迟 D_T 是其接收时间减去其发送时间,即 $D_T = T_R - T_S$。数据包的认证延迟 D_A 是其密钥接收时间减去分组接收时间,即 $D_A = T_K - T_R$。数据包的等待时间 L 是其密钥接收时间减去其发送时间,即 $L = T_K - T_S = D_T + D_A$。

与传统的对称密码相比,密钥的延时释放具有较低的计算开销,因为发送方仅需要为每个分组计算一个 MAC。因为如果有 n 个接收方,则对称密码需要 n 个 MAC,而时间延迟释放的密钥只需要 1 个 MAC。与计算更复杂的非对称密码相比,密钥的延时释放的计算开销低得多[55]。但是,如图 6.2 所示,认证延迟增加了数据包的等待时间。6.3.4 小节将说明网络调度如何在减少数据包延迟方面发挥重要作用,这对于实时分布式系统至关重要。

6.3 映射算法

给定一个系统,可以充分利用其设计可能的任务分配、优先级设定、信号映射、网络调度和区间长度。端到端时限要求设置在一组时间关键的功能路径上。时间关键路径的最大时延不应大于其截止时限。优化目标是使所有时间关键路径的最大时延的总和最小化。

6.3.1 概述

图 6.3 是算法的流程。它将模拟退火算法与一系列有效的优化启发法相结合。在模拟退火算法中,任务分配和任务优先级都是随机改变的。每次更改任务分配和任务优先级时,算法都会调用内循环优化来执行一系列优化启发式算法,并评估可行性和目标值。

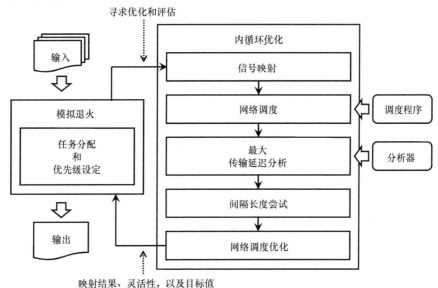

图 6.3 算法流程

内循环优化包括 5 个步骤:信号映射、网络调度、最大传输延迟分析、间隔长度尝试和网络调度优化。在这 5 个步骤之后,内循环优化返回映射结果(信号映射、网络调度和间隔长度)。它还返回可行性和目标值,模拟退火算法使用它来决定是否保持更改的任务分配和任务优先级。该算法首先在模拟退火中决定任务分配和任务优先级,因为它们会影响设计约束条件和目标以及其他设计变量的可能值。每次更改任务分配和任务优先级时都会调用内部循环优化,因此它必须非常高效和有效。详细信息将在以下部分中介绍。

该算法主要针对给定任务集和给定硬件平台的设计时进行安全需求映射优化。算法中的内循环优化应非常高效，并且能够在任务集或硬件平台上存在动态变化可以实时应用。模拟退火部分由于运行时间长而不适合进行实时优化。实时尝试优先级分配需要有效的启发方法；实时任务分配/再分配由于开销大，在实践中可能行不通。

6.3.2 任务分配和优先级分配

初始任务分配是用任务索引对节点数量进行模运算，即任务尽可能均匀地分布。任务的初始优先级以贪婪的方式分配——越多次出现在时间关键路径中的任务的优先级越高。在模拟退火期间，会执行两个随机操作。第一个是将任务分配给另一个节点，第二个是切换两个任务的优先级。参数 P 用于控制在每次迭代中选择第一种操作的概率，选择第二种操作的概率是 $1-P$。

为了更有效地利用各种设计可能，可以使用加速的模拟退火方法。使用这种加速方法，根据任务是否在时间关键路径把任务分为两组。第一组中的任务至少在一个时间关键路径中，第二组中的任务不在任何时间关键路径中。如果选择了第一个操作，则存在另一个参数 Q 来控制选择第一组中的任务的概率。该方法可以有效地加速模拟退火，因为第一组中的任务在满足约束条件和延迟目标最小化中起着更重要的作用。

6.3.3 信号映射

每个信号都需要映射到一条消息上，本章假定每个信号独立打包成消息。在不失一般性的情况下，假设信号 σ_j 被映射到消息 μ_j，因此可以直接确定消息的周期、长度、源节点和目的节点。算法需要尝试的是消息应该是同步还是异步。

定义 6.4 对于同步消息，网络知道发送消息的每个数据包的时间。

定义 6.5 对于异步消息，网络不知道发送消息的每个数据包的时间，但知道消息的周期（或模式）。

在该算法中，如果信号是时间关键的（信号在至少一个时间关键路径上），则其消息被指定为同步消息；否则，其消息被指定为异步消息。如果消息是同步的，则算法还需要确定发送消息的第一个数据包的时间。对于消息 μ_j，算法将消息的第一个包发送的时间指定为 $j \times L$ 模 T_j^σ，其中 L 是时隙的长度，T_j^σ 是 σ_j 的周期。这样分配可以降低同时发送两个不同消息的数据包的概率。如果发生这种情况，将推迟发送一个数据包，其消息的传输延迟也会增加。应该注意的是，在时间触发的以太网[44]中，同步消息与时间触发（TT）流量匹配，而异步消息与速率约束（RC）流量匹配。如果网络仅支持同步消息或异步消息，则将所有消息分配为同步消息或异步消息。

6.3.4 网络调度

为了满足设计约束，必须在设计阶段考虑由于认证延迟而导致的延迟增加，并采取措施减少这部分延迟。网络调度有三种方法可以减少数据包延迟。

第一种方法是调度程序可以在一个间隔内调度每个发送者的第一个数据包。数据包 P 的密钥接收时间是携带相应的密钥第一数据包 P' 的接收时间，所以 P 的延迟是：

$$L = T_K - T_S = T'_R - T_S = T'_S + D'_T - T_S \tag{6.2}$$

式中，T'_S、T'_R 和 D'_T 是数据包 P' 的发送时间、接收时间和传输延迟。第一种方法通过最小化 D'_T 来最小化 L。

如图 6.4 所示，M_1、M_2 和 M_3 由 K_1 计算。由于接收方较早接收到数据包（D_6，M_6，K_1）、因此可以对数据包（D_1，M_1，K_{-1}）、（D_2，M_2，K_{-1}）和（D_3，M_3，K_{-1}）进行身份验证，并且与图 6.2 所示的时序相比，它们的认证延迟和时延变得更小。

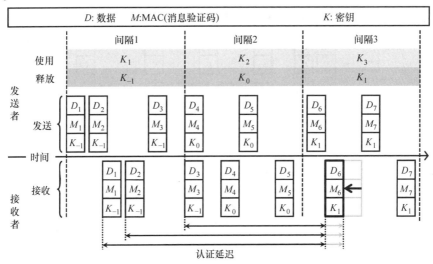

图 6.4 一种减少认证延迟的方法

第二种方法是调度尝试更早地安排数据包以确保在间隔结束之前接收到该数据包。发送方可以在不违反安全要求的情况下提前一个间隔释放密钥，认证延迟和时延就会变得更小。携带相应密钥的第一个数据包 P' 是在相应间隔的开始时间之后发送的，所以满足下列关系：

$$T_I < T'_S \tag{6.3}$$

式中，T_I 是发布数据包相应密钥的时间间隔的开始时间。第二种方法首先使 T_I 最小化，以便 T'_S 也能够被最小化（相应的密钥可以更早地释放）。从公式（6.2）可以得到，P 的延迟变小。如图 6.5 所示，因为接收者在间隔 1 结束之前接收到分组

（D_3，M_3，K_0），所以发送者可以在不违反安全要求的情况下仅提前一个间隔释放密钥。与图 6.2 所示的时序相比，认证延迟和时延都变小了。

第三种方法是调度最小化数据包传输的最大延迟。在某些情况下，如果调度无法保证数据包的发送和接收在相同的时间间隔内（例如，在间隔结束之前发送数据包），则第二种方法无法工作。但是，如果调度可以最小化数据包传输的最大延迟，则密钥可以被更早地释放。第三种方法与传统的密钥延时释放设计不同，密钥使用和密钥释放的间隔不必对齐。

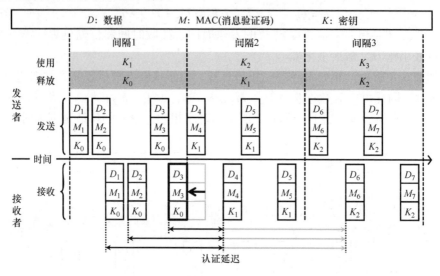

图 6.5　一种更有效减少认证延迟的方法

如图 6.6 所示，给定数据包传输的最大延迟 D_T，密钥使用和密钥释放间隔不对齐，密钥在用其计算 MAC 的间隔结束后 D_T 时间被释放。所以与图 6.2 所示的用时相比，认证延迟和时延都减少了。结合定义 6.2、公式（6.1）和公式（6.3）可以得到：

$$T_R = T_S + D_T < T_I < T'_S \tag{6.4}$$

第三种方法首先使 D_T 最小化，以便 T_I 和 T'_S 也可以最小化。从公式（6.2）可以得出 P 的时延会变小。

通过以上三种方法减少了数据包的时延。在该步骤中，该算法对数据包传输的最大延迟最小化，使得密钥可以被更早地释放（第二种和第三种方法）。然后，算法按照 6.3.7 小节中介绍的方法（第一种方法），尝试在网络调度优化步骤中更早地释放密钥。

具体来说，在该步骤中算法首先为消息分配优先级。信号在时间关键路径中出现次数越多，其对应消息就会被赋予更高的优先级。然后，算法根据消息的优先级逐个调度。如果消息 μ_j 是同步的，则算法"尽可能早"地调度时隙。或者说，算

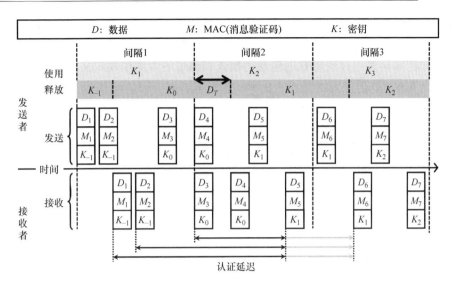

图6.6 给出大传输延迟 D_T，一种减少认证延迟的方法是不必对齐密钥使用和密钥释放间隔

法会调度消息数据包到达之后的第一个时隙。如果消息 μ_j 是异步的，则算法首先计算计划在一个周期内分配给消息的时隙数量。对于异步消息 μ_j，一个周期内的时隙数量是 $\left[R \times \dfrac{N \times L}{T_j^\sigma}\right]$，其中 R 是大于或等于 1 的参数，N 是一个周期中的时隙数量，L 是时隙的时间长度，T_j^σ 是 σ_j 的周期。在计算时隙数量之后，算法"尽可能均匀"地调度异步消息的时隙。会出现由较高优先级的消息使用（占用）时隙的情况。在这种情况下，算法将给消息安排的下一个时隙为空时隙。算法调度同步消息时会应用"尽可能早"的原则，调度异步消息时会应用"尽可能均匀"的原则，因为它们是该类消息的最佳策略（将在下一节中进一步说明）。

需要强调的是 R 值的选择。较大的 R 值意味着较密的时隙被调度给异步消息，最大传输延迟可能会减少。如果算法没有考虑密钥的延时释放，则异步消息的最大传输延迟的减小对目标值没有影响，因为只有非时间关键信号被映射为异步消息。这也是传统调度可能不适合此类问题的原因。相反，如果算法在这种情况下考虑密钥的延时释放，异步消息的最大传输延迟的减少使其发送者能够更早地释放密钥，因此同步消息的最大时延和目标值可以变小。因此，在这种情况下，所提出的算法增加了参数 R 值。具体地说，如果 $R = 1$ 并且网络利用率（调度的时隙数与总时隙数之比）小于预先设定的值 U，则算法可以增加 R 以使网络利用率达到 U。

6.3.5 最大传输延迟分析

除了网络调度之外，用于计算最大传输延迟的精确的分析器也非常重要。给定最大传输延迟 D_T，可以在用密钥计算 MAC 的间隔结束之后 D_T 时间释放密钥。如果分析器对最大传输延迟的估计偏小，则可能因为密钥过早释放而违反安全要求。如果分析器对最大传输延迟估计偏大，则最小化最大传输延迟可能是无效的。为了计算最大传输延迟，首先将数据包到达模式和消息的调度模式定义如下：

定义 6.6 数据包到达模式 A 由 m，p 和 a_1，a_2，…，a_m 来定义。数据包的到达时间是 a_1，a_2，a_3，…，a_m，并且模式以周期 p 重复（$a_i < p$，对于所有的 i，$1 \leq i \leq m$）。

定义 6.7 调度模式 S 由 n，q 和 s_1，s_2，…，s_n 定义，其中时隙的起始时间是 s_1，s_2，s_3，…，s_n，并且模式以周期 q 重复（$s_i < q$，对于所有 i，$1 \leq i \leq n$）。

定义 6.8 一个时隙服务一个数据包。

现在的问题是："给定数据包的到达模式 A 和消息的调度模式 S，数据包到达模式的最大传输延迟是什么？"下文将基于同步消息和异步消息来讨论这个问题。

6.3.5.1 同步消息

定义 6.9 轮是一个时间段，其长度是周期 p 和周期 q 的最小公倍数。如果一轮之后数据包未被分配到该轮的任何时间段，则该数据包在这一轮未被调度；反之，是被调度了。如果一个时隙没有被分配数据包，则是未用时隙；否则，是使用时隙。

图 6.7 中显示了三"轮"的分配情况。每轮的第二个数据包对于它相应的轮来说，是未被调度的数据包。第一轮的第二个时隙是未使用的时隙。给定同步数据包到达模式 A 及其调度模式 S，仅需要分析两轮就可以确定数据包到达模式的最大传输延迟。分析从第一个数据包开始，并在数据包到达后将该数据包分配给第一个未使用的时隙。

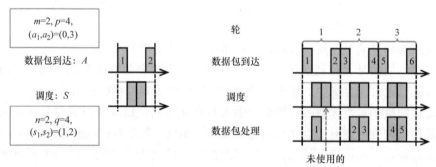

图 6.7 三轮的同步消息的示例。每轮的第二个分组（#2，#4 或#6）是其相应轮次之后的未调度数据包，并且第一轮的第二个时隙是未使用的时隙。第二轮和第三轮具有相同的数据包处理模式

定律 6.1 仅需要分析两轮就可以确定分组到达模式的最大传输延迟。

证明：首先明确第一轮和第二轮之后未被调度的数据包的数量是相同的。因此，第二轮的模式与之后所有下一轮的模式相同。等同于证明在第二轮之后，未被

调度的数据包的数量不会减少或增加。对于非减少部分，因为第二轮比第一轮更难调度（在第一轮之后可能会有一些未被调度的包）。对于非增加部分，首先假设 $\frac{m}{p} \leqslant \frac{n}{q}$，即一轮中的分组数量永远不会大于一轮中的时隙数量；否则，算法直接返回无穷大。给定此假设，在第一轮之后，未被调度的数据包的数量永远不会大于未使用的时隙的数量。因此，在第二轮中，第一轮中那些未使用的时隙的重复时隙足以用于第一轮中的那些未调度的数据包。此外，第一轮中那些使用过的时隙的重复时隙对于第一轮中那些预定数据包的重复数据包仍然是足够的。因此，未调度的数据包的数量不会增加。结合这两部分，第一轮和第二轮之后未被调度的数据包的数量是相同的，因此最多需要考虑前两轮。

该定律还暗示第二轮之后的未被调度数据包不会影响结果。如图 6.7 所示，其中第二轮和第三轮具有相同的包处理模式。对于数据包到达模式的最大传输延迟，至少需要考虑两轮。

6.3.5.2 异步消息

定义 6.10 如果时隙的开始时间比数据包的到达时间早 ε 时间单位，并且 $\varepsilon \to 0$，则分组会刚好错过时隙。

定律 6.2 如果最大传输延迟在将数据包 P_i 分配给时隙 S_j 时出现，则①P_i 本身或在 P_i 之前到达的数据包两者之一错过了时隙；②在刚刚错过时隙的数据包的到达时间与 S_j 的开始时间之间，必然没有未使用的时隙。

证明：对于第①部分，如果所有 P_i 和在 P_i 之前到达的数据包不会错过任何一个时隙，则可以前移所有数据包，以使它们早到，但仍然被分配到相同的时隙。结果会使传输延迟变大，这与论点是矛盾的。第②部分有两种情况。第一种情况是 P_i 刚刚错过了一个时隙。如果在 P_i 的到达时间和 S_j 的开始时间之间存在未使用时隙，则应将 P_i 分配给该未使用的时隙，这与论点是矛盾的。第二种情况是在 P_i 之前到达的一个数据包错过了一个时隙。如果在刚刚丢失时隙的数据包的到达时间与 S_j 的开始时间之间存在未使用的时隙，则可以将在未使用的时隙之后分配给第一个使用时隙的数据包定义为 P_k。接下来，可以前移所有数据包以使它们更早到达，但是在 P_k 和 P_i 之间到达的所有数据包仍被分配到和原来相同的时隙。这将导致传输延迟变大，与论点是矛盾的。

图 6.8a 是一个示例（适用于证明的第一部分），其中所有三个数据包都没错过时隙。可以移动所有数据包，使它们到得更早，如图 6.8b 所示，它们的传输延迟会变得更大（分别从 2、2 和 3 到 3、3 和 4），表明最大传输延迟不会如图 6.8a 所示的情况发生。图 6.8c 是另一个例子（证明中第二部分的第一种情况），其中 P_i 刚刚错过了一个时隙。如果在 P_i 的到达时间和 S_j 的开始时间之间存在未使用的时隙，则应该将 P_i 分配给未使用的时隙，如图 6.8d 所示。图 6.8e 是另一个示例（证明中第二部分的第二种情况），其中在 P_i 之前到达的一个数据包错过了一个时

隙，并且在刚刚丢失时隙的数据包的到达时间与 S_j 的开始时间之间存在未使用的时隙。如图 6.8f 所示，可以移动所有数据包以使它们早到，P_k 和 P_i 之间的到达数据包的传输延迟变得更大（分别从 2、3 到 3、4），表明最大传输延迟不会如图 6.8e 所示的情况发生。

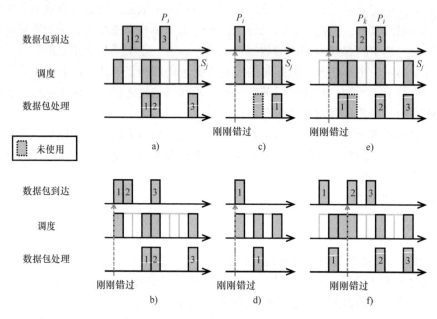

图 6.8 对于异步消息，如果在将数据包 P_i 分配给时隙 S_j 时发生大传输延迟，那么图 a、图 b 之一和在 P_i 之前到达的数据包会错过一个时隙，并且图 c ~ 图 f 必须存在刚刚错过时隙的数据包的到达时间与 S_j 的开始时间之间没有未使用的时隙

基于定律 6.2，只需要考虑数据包到达模式和调度模式的有限数量的组合方式，就是至少一个数据包刚刚错过时隙的情况。这里，假设模式已经重复了足够多的次数，分别为 A' 和 S'，长度等于 p 和 q 的最小公倍数。数据包到达模式的最大传输延迟是：

$$\max_{1 \le i \le m, 1 \le j \le n, 1 \le k \le m} ((s'_{j+k} - s'_j) - (a'_{i+k-1} - a'_i)) \tag{6.5}$$

式中，a'_1，a'_2，…，a'_m 为数据包的到达时间；s'_1，s'_2，…，s'_n 是时隙的起始时间。对于每个 (i, j, k)，该公式计算在第 i 个数据包刚刚错过第 j 个时隙的情况下，第 $(i+k-1)$ 个数据包的传输延迟。公式可以写成：

$$\max_{1 \le k \le m} \left(\max_{1 \le j \le n} (s'_{j+k} - s'_j) - \min_{1 \le i \le m} (a'_{i+k-1} - a'_i) \right) \tag{6.6}$$

同时，计算的复杂性可以从 $O(m^2 n)$ 减小到 $O(mn + m^2)$。

6.3.6 间隔时长探索

数据包的时延很大程度上取决于间隔的长度。较短的间隔可以使数据包的延迟较小，但是，如果密钥链中的密钥数是常数（存储密钥的内存大小），则较短的间隔意味着发送方需要更频繁地重新计算密钥链，这会增加计算开销。在算法决定网络调度并计算最大传输延迟后，该算法尝试每个节点的间隔长度。对于每个节点，有一个可选的间隔长度列表，算法从最短的间隔开始，检查计算新密钥链的任务是否可以满足截止时限要求，即密钥数量乘以间隔时长。如果无法满足其截止时限要求，算法将检查表中下一个可选的间隔长度。

6.3.7 网络调度优化

为了进一步最小化数据包的等待时间，最好是能在不违反安全要求的前提下，尽可能早地释放密钥。在确定每个节点的间隔长度之后，可以在间隔中用第一个数据包释放密钥。因此，对于发送方，算法检查在发送方的释放间隔的开始时间与发送方给消息分配的第一个时隙之间，是否存在任何空时隙。如果存在这样的时隙，算法会将时隙给发送方，以便发送方可以使用时隙来释放密钥。因为需要在发送方释放间隔的开始时间之后；并且要在分配给发送方发送消息的第一个时隙之前，所以密钥能够被提前释放，并且可以减少数据包的等待时间。此外，由于时隙最初是空的，因此不会增加其他数据包的延迟。

在此步骤之后，该算法可以计算时间关键路径的最大延迟和目标值并分析可行性。映射结果、可行性和目标值将被反馈给外环的模拟退火。

6.4 实验结果

本章使用了与第5章相同的测试用例。架构平台由9个节点（ECU）组成，假设这些节点通过TDMA网络（时间触发以太网或FlexRay的抽象）连接。网络参数根据文献[44]设置，MAC或密钥链的计算时间根据文献[55]缩放。功能模型由41个任务和83个信号组成，选择171个路径，截止时间为300ms或100ms。该算法用C/C++实现，在4GB RAM的2.5GHz处理器上进行映射问题实验。

对非基于安全需求的映射方法和上文介绍的基于安全需求的算法的结果进行比较。非基于安全需求的映射方法用的是同样的模拟退火核心，但它没有考虑映射期间密钥的时间延迟释放的任何影响，因为它不需要等待密钥，所以数据包的延迟只是其传输延迟。在确定映射之后，再在设计上应用时间延迟的密钥释放（在此步骤中，它尝试每个节点的间隔）。与此相反，基于安全需求的映射算法从一开始就考虑了时间延迟释放密钥的开销，并解决了6.3节中提到的安全需求映射问题。有两种可选的优化技术，可以产生四种可能的组合。第一种优化技术（OPT1）是在

网络调度中增加 R 值（$R>1$），如 6.3.4 小节所述。第二种优化技术（OPT2）是在网络优化中使用空时隙和尽早释放密钥，如 6.3.7 小节所述。对于模拟退火（SA），参数 P 和 Q 都设置为 0.9，其中 Q 用于加速方法（Accelerated SA），如 6.3.2 小节所述。

结果列于表 6.1 中，其中所有结果均为 10 次运行的平均值。为了进行公平的比较，所有设置在模拟退火方式下运行相同数量（15000）的迭代。目标是所有时间关键路径的最大延迟的总和。非基于安全需求的映射方法无法找到可行的解决方案，因为在映射之后应用时间延迟的密钥释放会导致一些时间关键路径错过最后时限。相反，基于安全需求的映射算法可以找到目标值为 22256ms 的可行解。如果是非基于安全需求的映射方法（尽管不可行），则相应的目标值会达到 25007ms，大于基于安全需求的映射算法的目标值。这是因为基于安全需求的映射算法倾向于将异步消息的传输延迟最小化，使得它们的发送者能够更早地释放密钥并使目标值更小。此外，基于安全需求的映射算法运行时间少，因为它用有力的措施来将信号的源和目标任务分配给同一节点，减少了留在网络的消息，这使得网络调度的运行时间更少。

表 6.1 非基于安全需求的映射方法与基于安全需求的映射算法之间的测试结果比较，其中有两种可选的优化技术，形成四种组合。目标是所有时间关键路径的最大延迟的总和。可行时间是找到第一个可行解决方案所需的时间

		非基于安全需求的映射	基于安全需求的映射			
			无优化一 无优化二	有优化一 无优化二	无优化一 有优化二	有优化一 有优化二
基本模拟退火	目标/ms	25007	22256	21415	21329	20853
	运行时间/s	56.435	47.046	50.725	47.767	47.862
	可行时间/s	—	3.576	3.652	3.439	4.818
加速模拟退火	目标/ms	23476	21157	20581	21011	20236
	运行时间/s	55.695	50.441	47.963	44.070	48.065
	可行时间/s	—	2.959	2.910	1.733	1.826

利用上面提到的两种优化技术，目标值分别减少到 21415ms 和 21329ms。这是因为，OPT1 试图进一步将异步消息的传输延迟最小化，OPT2 尝试更早地使用空时隙和释放密钥。这两种技术是 6.3.4 小节中介绍的第三种和第一种方法。通过组合使用这两种方法，目标值进一步减少到 20853ms。如果应用加速模拟退火，则可以更充分地尝试设计空间的可能值。通过相同的迭代次数，与基本模拟退火相比，加速模拟退火可以找到更小的目标值。特别是，它可以更早地找到一个可行的解决方案，这是因为它更多地关注那些在满足约束条件和最小化目标值中起着更重要作用的任务。基本模拟退火和加速模拟退火的收敛行为如图 6.9 所示。加速模拟退火的

收敛速度比基本模拟退火快。从实验结果来看，很难说 OPT1 或 OPT2 是否更有效，但两者一起使用比每个单独使用效果好。此外，所有使用该算法的实验（使用不同组合）都在 1min 内完成。即使只考虑任务分配和任务优先级设定，使用类似于第 5 章中的基于 MILP 的方法在 1h 内都找不到可行的解决方案。这显示了这些算法的高效。

为测试应用了加速模拟退火和两种优化技术（OPT1 和 OPT2）的

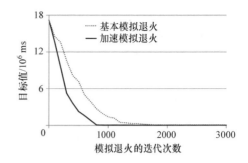

图 6.9 基本模拟退火和加速模拟退火的收敛行为的工业测试案例结果。X 轴表示模拟退火的迭代次数，Y 轴表示目标值（10^6ms），其中每次违反约束对目标值贡献 10^6ms

基于安全需求的映射算法，生成了包括 500 个任务、1000 个信号、50 个节点和 100 个时间关键路径的大规模随机测试用例。除了算法可扩展性之外，资源可用性（特别是网络利用率）对系统性能和可行性也有影响。表 6.2 列出了不同信号周期以及不同的网络利用率下的目标值和运行时间（所有设置均使用相同的迭代次数）。首先，因为使用了有效的内环优化启发式算法，所以可以很好地适应规模的扩大。此外，随着利用率的增加，目标值和运行时间也会急剧增加。这显示了在考虑安全性时资源可用性对系统性能和可行性的重大影响，因此进一步证明了需要在集成公式中将信息安全与其他方面需求一起解决的必要性。

表 6.2 大量随机测试结果

信号周期设定	基于安全需求的映射（加速模拟退火 + OPT1 + OPT2）		
	$1X$	$0.75X$	$0.5X$
网络利用率	0.464	0.597	0.859
目标/ms	20403	24715	45513
运行时间/s	280.823	334.415	440.395
可行时间/s	21.384	29.395	60.946

6.5 总结

在本章中，提出了公式和算法，可以在基于 TDMA 的实时分布式系统的设计阶段将密钥的时间延迟释放和安全性与其他设计目标一起考虑。该算法优化了任务分配、优先级设定、网络调度和密钥释放间隔时长，同时考虑了延迟释放密钥安全机制的开销和约束。实际案例研究和生成的测试示例表明，该方法可以有效地尝试设计空间可能方式以满足所有设计要求，并证明在设计阶段统一考虑安全性和其他指标的重要性。

密钥的延时释放可以推广到第 8 章的场景中。如果时序要求非常严格,可能要接受一些未经认证的消息或放宽安全要求。例如,汽车的制动消息对时间要求极高,满足其最后期限比认证它更重要。如图 6.10 所示,本来的密钥调度(安全调度)在 D_T 之后释放密钥(最大传输延迟),这是满足安全要求的。如果放宽安全性要求,则较早释放的密钥方式会提前释放密钥从而导致出现易受攻击的间隔。在易受攻击的时间间隔内,攻击者可能首先接收密钥,使用密钥计算 MAC,然后发送数据包。如果在易受攻击的间隔结束之前收到数据包,那将是一次成功的攻击。后续的公式将在第 8 章详细介绍。

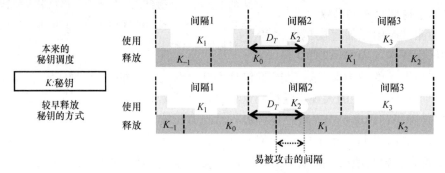

图 6.10 本来的密钥调度(安全调度)和 D_T(最大传输延迟)之后释放密钥。较早释放的密钥方式会提前释放密钥从而导致出现易受攻击的间隔

第7章 车车通信中基于安全需求的设计

在本章中,将在专用短程通信(DSRC)技术的车辆到车辆(V2V)通信中进一步应用基于安全需求的设计。DSRC 可以开发许多安全应用,例如前向碰撞避免、车道变换警告(盲点警告)和左转弯辅助[11]。它利用 IEEE 802.11p 无线接入车载环境(WAVE)[15]、IEEE 802.2[20]、IEEE 1609 系列(架构[22]、安全服务[21]、网络服务[16]、频道切换[17]、电子支付数据交换[18]、标识符分配[19]),SAE J2735[43]、SAE J2945.1[42],以及美国的 TCP/UDP/IPv6[23]。DSRC 在网络和传输层有两种方案。安全应用程序使用 IEEE 1609.3 WAVE 短消息协议(WSMP)[16]定义 WAVE 短消息和 WAVE 服务广告,而非安全应用程序可以使用 WSMP 或 TCP/UDP/IPv6。在消息子层(传输层上方),SAE J2735 定义标准消息类型,包括基本安全消息(BSM),其包含车辆的时间、位置、速度、方向、大小和其他重要信息。

IEEE 1609.2[21]在 DSRC 中间若干层(网络层、传输层和消息子层)提供安全服务。使用椭圆曲线数字签名算法(ECDSA)支持消息认证,ECDSA 是一种非对称加密算法。当车辆打算发送消息时,它使用其私钥对消息进行签名,并发送带有其签名和证书摘要的消息。接收该消息的车辆使用与私钥相对应的公钥来验证该消息。签名信息中可能还包括消息的生成时间和车辆的位置以防止重放攻击。

本章在考虑功能安全信息安全要求和 ECDSA 不同设置的开销的同时规划了基于信息安全的优化问题。关键决策变量是发送速率和 BSM 的认证速率,BSM 承载安全应用的重要信息,因此需要信息安全方面的保护,其发送速率和认证速率在系统性能中起着决定性作用[1,23,28]。本章提出了一种有效的算法,在不违反设计约束条件的前提下,提供基于信息安全的优化。

7.1 公式

用来研究基于信息安全优化问题的 V2V 通信的系统模型如图 7.1 所示。车辆基于媒体访问控制层中的冲突避免载波侦听多路访问(CSMA/CA)共享 DSRC 信道,并且每辆车都具有用于处理 BSM 的无线安全单元(WSU)。由于没有集中控制器或中央车辆,因此优化都是针对每辆车的。车辆 Δ_0 广播 BSM 信息并从其他 N 辆车 $\{\Delta_1, \Delta_2, \cdots, \Delta_N\}$ 接收 BSM 消息,这些消息的速率为 $\vec{R} = (R_1, R_2, \cdots, R_N)$,长度为 $\vec{L} = (L_1, L_2, \cdots, L_N)$。由于这些车辆都是移动的并且其中一些可能驶离 Δ_0 的通信范围,因此这些值需要实时更新。其他设置如下:

- 信息安全属性:数字签名的真实性。
- 信息安全机制:Δ_0 发送包含 DSRC 所支持的认证机制的 BSM 消息。认证机制被抽象为要与来自 Δ_0 的 BSM 一起发送的附加比特的数量。另一方面,对来自其他车辆的所有消息进行认证(验证)要求太高,因此对 Δ_0 启用验证请求认证机制[1,28],即 Δ_0 仅认证(验证)一部分来自其他车辆的 BSM。

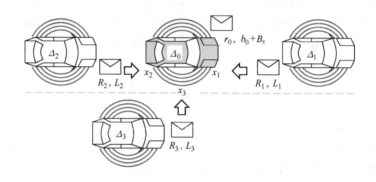

图 7.1 系统模型

- 决策变量:
1) $b_0 \in \mathbb{N}$:Δ_0 发送的 BSM 需要附加安全比特数。
2) $r_0 \in \mathbb{R}$:Δ_0 发送 BSM 的速率。
3) $x_i \in \mathbb{R} \cap [0, 1]$:$\Delta_0$ 所认证(验证)的来自 Δ_i 的 BSM 数量比例 x_i。
- 信息安全约束条件:
1) Δ_0 发送的 BSM 需要附加安全比特数不少于 B_0。
2) Δ_0 所认证(验证)的来自 Δ_i 的 BSM 数量比例不得小于 X_i。
- 功能安全约束条件:
1) Δ_0 发送 BSM 的速率不小于 R_0,这样可以确保其他车辆接收到足够的信息。
2) Δ_0 的 WSU 的负载不得超过常量 U_0,这样可以控制 WSU 上任务的时延。
3) DSRC 信道的负载不得超过常数 U,这样可以控制 BSM 的时延。

问题可以通过第 3 章中的方法来描述。见表 7.1,数学公式定义如下:

表7.1　使用基于安全需求的设计方法解读 V2V 基于安全需求的优化问题

		车车通信安全优化
F	M_F	发送、接收、签名、验签等 BSM 任务
	Q_F	通过数字签名验证
	R_F	信息安全约束条件1)和2)
	C_F	功能安全约束条件1)~3)
	O_F	验证过的 BSM 的加权数
A	A_A	WSU 和 DSRC
	V_A	—
S	S_S	DSRC 支持的数字签名
	R_S	—
	V_S	—
	$X_{F,A}$	r_0
	X_S	b_0, x_i

定义7.1　计算 Δ_0 的 WSU 负载的函数 u_0 定义为

$$u_0(r_0, b_0, \vec{x}, N, \vec{R}, \vec{L}) = r_0 T_{0,s} + \sum_{i=1}^{N} [R_i(T_{i,r} + x_i T_{i,v})] \qquad (7.1)$$

式中，$T_{0,s}$ 是 Δ_0 发送和签名 BSM 的处理时间；$T_{i,r}$ 是 Δ_0 从 Δ_i 接收 BSM 的处理时间；$T_{i,v}$ 是 Δ_0 验证所接收的发自 Δ_i 的 BSM 的处理时间。这些值与 b_0 和 $\vec{L}$ 相关。

定义7.2　计算 DSRC 信道负载的函数 u 定义为

$$u(r_0, b_0, N, \vec{R}, \vec{L}) = r_0(B_s + b_0) + \sum_{i=1}^{N}(R_i L_i) \qquad (7.2)$$

式中，B_s 是没有附加安全位的 BSM 的长度。

定义7.3　给出 N、$\vec{R}$、$\vec{L}$，确定 $r \in \mathbb{R}$、$b \in \mathbb{N}$，以及 $\vec{x} \in \{\mathbb{R} \cap [0,1]\}^N$ 满足如下公式：

$$b_0 \geq B_0 \qquad (7.3)$$

$$\forall i, x_i \geq X_i \qquad (7.4)$$

$$r_0 \geq R_0 \qquad (7.5)$$

$$u_0(r_0, b_0, \vec{x}, N, \vec{R}, \vec{L}) \leq U_0 \qquad (7.6)$$

$$u(r_0, b_0, N, \vec{R}, \vec{L}) \leq U \qquad (7.7)$$

并最大化从其他车辆（每时间单位）收到的经过验证的 BSM 数量的加权总和：

$$\text{maximize} \sum_{i=1}^{N} W_i(R_i x_i) \qquad (7.8)$$

式中，W_i 是权重，取决于来自 Δ_i 的 BSM 的重要性。

W_i 是 Δ_i 的速度和 Δ_0 与 Δ_i 之间距离的函数。它还取决于具体应用。例如，如果应用是前向碰撞避免，那么来自 Δ_0 前面车辆的 BSM 非常关键，因此应该为其分配更大的 W_i。如果对于所有 i，$W_i = 1$，则目标变为对来自其他车辆的 BSM 的数量最大化（每时间单位）。公式也可以考虑任务或 BSM 的时延。但是，这些在很大程度上取决于 WSU 或 DSRC 信道的负载，因此这里的公式主要关注负载限制。如果考虑时延，由于无线通信中的隐藏节点问题和 N、$\vec{R}$、$\vec{L}$ 的实时变化，我们也只能进行估计。可以应用任何用于时延计算的模型，这取决于模型的复杂性和准确性。最后，由于 DSRC 被指定用于 V2V 通信，因此在此公式中不考虑架构选择，而通过 BSM 发送的附加比特数的抽象以及签名和验证 BSM 的处理时间来说明安全机制选择。可以使用不同的输入参数，实时或在设计阶段进行优化。如果在设计阶段解决，设计人员可以构建一个查找表来保存解决方案，车辆可以实时查找表中的解决方案，而无须再次分析解决问题。

Algorithm 11 Algorithm for security-aware optimization

1: $\delta = U_0 - R_0 T_{0,s} - \sum_{i=1}^{N}(R_i(T_{i,r} + T_{i,v}X_i))$;
2: if $R_0(B_s + B_0) + \sum_{i=1}^{N}(R_i L_i) > U$ or $\delta < 0$ then
3: Return "infeasible";
4: end if
5: $b_0 = B_0; r_0 = R_0; \forall i, x_i = X_i$;
6: Sort $\dfrac{W_i}{T_{i,v}}$ in descending order;
7: for each index set $\{i_1, i_2, \cdots, i_M\}$ where $\dfrac{W_{i_j}}{T_{i_j,v}} = \dfrac{W_{i_k}}{T_{i_k,v}}$ for all $1 \leq j, k \leq M$ do
8: if $\sum_{j=1}^{M} R_{i_j} T_{i_j,v}(1 - X_{i_j}) < \delta$ then
9: for each $k, 1 \leq k \leq M$ do
10: $x_{i_k} = 1$;
11: end for
12: $\delta = \delta - \sum_{j=1}^{M} R_{i_j} T_{i_j,v}(1 - X_{i_j})$;
13: else
14: for each $k, 1 \leq k \leq M$ do
15: $x_{i_k} = x_{i_k} + \dfrac{\delta(1 - X_{i_k})}{\sum_{j=1}^{M} R_{i_j} T_{i_j,v}(1 - X_{i_j})}$;
16: end for
17: $\delta = 0$;
18: Return $(r_0, b_0, \vec{x})$;
19: end if
20: end for
21: Return $(r_0, b_0, \vec{x})$;

7.2 算法

本节提出了一种算法（算法 11）来有效地解决基于安全需求的优化问题。它可以说是最佳方法，总体时间复杂度是 $O(N \log N)$。在第 1～4 行中，算法首先用 r_0、b_0 和 x_i 的最小可能值来验证公式（7.6）和公式（7.7）所描述的两个负载约束条件，基于这些最小值可以产生 WSU 或 DSRC 信道的最小负载。如果不能满足两个公式中的任何一个，则难以进行优化。在第 5 行中，算法将初始值分配给 r_0、b_0 和 x_i。在第 6 行中，算法对 $\frac{W_i}{T_{i,v}}$ 进行排序。在第 7～20 行中，该算法从最大 $\frac{W_i}{T_{i,v}}$ 开始应用贪婪方法。如果一组索引有相同的 $\frac{W_i}{T_{i,v}}$，则算法同时考虑所有索引而不是仅选择其中一个。对于组中的每个索引，在不违反公式（7.6）的前提下，算法将 x_i 的赋值最大化（第 10 行）或将 x_i 持续增加恒定比率的差值直到最大值（第 15 行）。之后，更新 δ 的值（第 12 行和第 17 行），使其为方程（7.6）两边之间的差值。如果 δ 变为 0，意味着 x_i 不能再增加了，或者将所有 x_i 已经分配到它们的最大值了，则算法返回解（第 18 行和第 21 行）。

定律 7.1 算法 11 对于定义 7.3 中的问题是最佳的。

证明：该算法首先将最小可能值分配给 r_0、b_0 和 x_i，它们为 WSU 或 DSRC 信道生成最小但必需的负载。接下来，算法将增加 x_i 的值。为了证明最优性，可以用 $\frac{x'_i}{R_i T_{i,v}} + X_i$ 代替 x_i，并且可以将问题转化为最大化下述表达式：

$$\sum_{i=1}^{N} A'_i x'_i + B' \tag{7.9}$$

满足以下约束条件：

$$\sum_{i=1}^{N} x'_i \leq C' \tag{7.10}$$

$$0 \leq x'_i \leq X'_i \tag{7.11}$$

其中，

$$x'_i = R_i T_{i,v}(x_i - X_i) \tag{7.12}$$

$$X'_i = R_i T_{i,v}(1 - X_i) \tag{7.13}$$

$$A'_i = \frac{W_i}{T_{i,v}} \tag{7.14}$$

$$B' = \sum_{i=1}^{N} (W_i R_i X_i) \tag{7.15}$$

$$C' = U_0 - R_0 T_{0,s} - \sum_{i=1}^{N} [R_i(T_{i,r} + T_{i,v} X_i)] \tag{7.16}$$

式中，X'_i、A'_i、B' 和 C' 都是常数，并且约束条件中每个 x'_i 的系数都是 1，因此可以贪婪地增加具有最大 A'_i 值的 x'_i。这是因为对每个 x'_i 增加相同的量，这个量对约束条件的影响是相同的；选择具有最大 A'_i 的 x'_i 在最大化目标方面是最有效的。类似地，如果相应的 A'_i 对于几个 x'_i 是相同的，则在不违反约束的情况下增加这些 x'_i 的值是最佳的，这正是算法 11 在第 7~21 行中所做的。最后，由于第 1~4 行中的检查和 δ 的更新，当且仅当问题具有可行解时，算法才返回可行解。

定律 7.2 算法 11 总的时间复杂度为 $O(N \log N)$。

证明：第 1~5 行的时间复杂度总和为 $O(N)$。第 6 行的排序需要 $O(N\log N)$。第 7~20 行的时间复杂度为 $O(N)$，因为它们仅针对每个索引 i 执行一次。因此，算法 11 的总时间复杂度为 $O(N \log N)$。

7.3 实验结果

如果没有另外说明，实验中使用的参数均列于表 7.2 中。假设车辆具有 400MHz 的 WSU，签署或验证 BSM 所需的时间见文献[1]。可以依据文献[28]计算 B_0 和 L_i 的值。WSU 的负载限制为 0.8，DSRC 信道的负载限制为 300kbit/s，占满负载的 60%[23]。该算法以 C 语言实现，实验在 2.5GHz 处理器上运行。大约 50000 个优化问题的实例在 1s 内解决，显示了算法的效率并证明可以实时使用，即使使用较慢的处理器，例如之前的 WSU[1]。后续对三种设置分析进行了实验和讨论。

表 7.2 实验中的参数

参数	单位	ECDSA-224	ECDSA-256
B_0	bit	$(56+8+6) \times 8$	$(64+8+6) \times 8$
R_0	1/ms	0.002	
X_i	—	0.05	
U_0	1	0.8	
U	kbit/s	300	
R_i	1/ms	0.002	
L_i	bit	$(200+70) \times 8$	$(200+78) \times 8$
W_i	—	1	
$T_{0,s}$	ms	5.9+1.0	7.6
$T_{i,r}$	ms	1.0	1.0
$T_{i,v}$	ms	17.8	26.5
B_s	bit	200×8	

在 ECDSA-224 和 ECDSA-256 之间进行选择:比较 DSRC 直接支持的 ECDSA-224 和 ECDSA-256。在该设置中,N(除了 Δ_0 之外的车辆数量)在 5~100 的范围内,并且每个 X_i(最小验证比例)在 0.05~1.0 的范围内,结果如图 7.2 所示。当 WSU 的负载非常低时,ECDSA-224 和 ECDSA-256 具有相同的目标值,因为 WSU 使用 ECDSA-224 或 ECDSA-256 验证所有车辆的所有 BSM。随着 N 和 X_i 的增加,会有更多的 BSM 生成,并且需要验证更高比例的 BSM,从而导致更高的 WSU 负载。结果,WSU 无法验证所有 BSM,并且 ECDSA-224 由于其较小的计算开销而具有更大(更好)的目标值。随着 N 和 X_i 的进一步增加,ECDSA-256 首先变得不可行,然后 ECDSA-224 也变得不可行。该实验表明,即使在一些非极端情况下,验证来自其他车辆的所有 BSM 也要求太高,因此需要按需验证的认证机制[1,28]。此外,当关注计算开销时,ECDSA-224 是更好的选择,这在以前的工作中也有提及[23]。

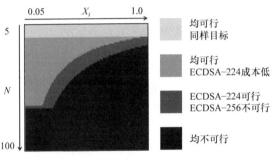

图 7.2 ECDSA-224 和 ECDSA-256 之间的选择

改变权重和最小验证比例:在一些情况下,来自特定车辆的 BSM 特别重要。例如,如果应用程序是前向碰撞避免,则来自 Δ_0 前面的车辆的 BSM 非常关键。为了测试这种情况,选择 ECDSA-224,N 设置为 51,W_1 范围为 1~10,X_1 范围为 0.05~1.0。当 $2 \leq i \leq 51$ 时,$W_i = \left[\frac{i-2}{5}+1\right]$。其中,$W_i$ 是目标函数的权重,X_i 是最小验证比例。结果如图 7.3 所示。通过此设置,可以固定 WSU 的负载,但 WSU 无法验证所有车辆的所有 BSM。回想一下,在将所需比例的 X_i 分配给 x_i 之后,算法 11 通过贪婪方法进一步增加 x_i。当 W_1 很小(在这种情况下 $W_1 < 7$)时,x_1 被排到后面,而且因为 δ 变为 0

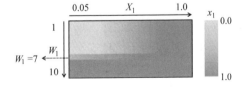

图 7.3 不同 W_i 和 X_i 下的验证百分比 x_i

[δ 为方程(7.6)两边之间的差],在算法 11 考虑 x_i 之前 x_i 不会增加。另一方面,当 W_1 大一些(在这种情况下 $W_1 > 7$)时,x_1 被排到前面并且会增加到 1,因为此

后 δ 仍然是非负的。当 W_1 在临界值时（在这种情况下 $W_1 = 7$），x_1 增加但不会增加到 1，并且数量取决于所有满足条件 $W_1 = W_i$ 的 X_i，因为算法 11 同时考虑所有这些 X_i，而不仅仅是选择其中之一。结果表明，为 W_i 和 X_i 分配适当的值，会使算法 11 更加重视一些重要的 BSM。

<u>信息安全和 BSM 发送速率之间的权衡</u>：信息安全和 BSM 发送速率之间需要平衡。这里考虑的功能安全度量范围相对较窄，侧重于可用于功能安全应用的信息交换量。在更广泛的意义上，功能安全也取决于信息安全，在这种情况下可以定义单个评价指标。在本实验设置中，N 的范围是 5～100，R_0（最小发送速率）的范围是 0.002～0.02。结果如图 7.4 所示，其中 0.0 表示没有可行的解决方案。图 7.4a 显示的目标值恰好是经过验证的 BSM 数（每 1ms），因为对于所有 i，$W_i = 1$，而图 7.4b 显示了经过验证的 BSM 数与 BSM 总数之比。目标值和比率是"信息安全测量"指标，因为它们的值较大，表示更多的 BSM 被验证。另一方面，R_0 是"功能安全测量"指标，因为较大的 R_0 值意味着向其他车辆提供更多信息。注意，在此设置中，如果 N 是固定的，则 BSM 的总数是固定的。

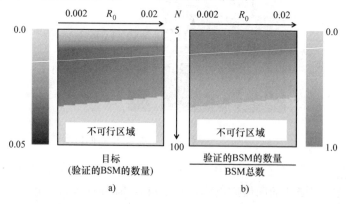

图 7.4　信息安全和 BSM 发送速率之间的权衡

在图 7.4a 和图 7.4b 中，如果 N 是固定的，则目标值和比率（信息安全测量指标）随着 R_0（功能安全测量指标）的增加而减小。它展示了信息安全和 BSM 发送速率之间的权衡。此外，如果 R_0 是固定的，那么比率也会随着图 7.4b 中 N 的增加而减小，这表明了信息安全和系统可扩展性之间的权衡。然而，随着 N 的增加，目标并不总是减少。这是因为当 N 和 R_0 很小时，可以验证所有 BSM，因此验证的 BSM 的数量随着 N 的增加而增加。在发送和接收 BSM 之间也存在权衡。可以通过图 7.4 中可行区域和不可行区域之间的边界观察到，其中，随着 R_0 增加，最大可行的 N 值减小。这些结果表明，考虑信息安全会带来更多设计挑战，系统的方法和设计工具对于满足约束条件和优化设计至关重要。

7.4 总结

基于安全需求的设计方法通过 DSRC 技术应用于 V2V 通信。BSM 承载安全应用的重要信息,因此需要信息安全防护。关键决策变量是 BSM 的发送速率和认证速率,这些变量对系统性能起决定性作用。在不违反设计约束条件的情况下,进行基于安全需求的优化算法也被证明是有效的。

第8章 状态机系统基于安全需求的设计

如第1章所述，信息物理系统通常在应用安全机制方面存在许多挑战。这些挑战包括有限的资源（例如，网络带宽、计算资源和能耗）和严格的时序要求。在第4章中，由于网络带宽和有效载荷有限，消息认证码（MAC）的长度受到限制。在第5章和第6章中，也提到网络带宽和时间限制需要建立接收者分组和延迟认证。在第7章提到，验证所有消息的要求太高，因此使用了按需验证机制。这些例子显示了安全性和其他设计指标之间的权衡，这意味着系统在运行期间可能具有不同的安全级别。本章将介绍基于有限状态机（FSM）的一般场景。首先定义两个概念：安全计划和易受攻击间隔。

定义8.1 系统的安全计划定义了间隔和间隔的脆弱性。

定义8.2 在易受攻击的时间间隔内，系统没有强制执行安全机制。

一个常见的例子是诸如医疗设备之类的系统的省电模式会减少计算资源，这可能意味着较低的安全级别。不同的攻击者定义如下：

定义8.3 第一类攻击者不知道安全计划，并且无法观察安全计划并对其进行预测。

定义8.4 第二类攻击者不知道安全计划，但它可以观察安全计划并进行预测。

定义8.5 第三类攻击者知道安全计划。

根据攻击者的目标，两种类型的攻击者定义如下：

定义8.6 贪婪型攻击者试图最大化成功攻击的次数。

定义8.7 隐藏型攻击者试图在未被检测到的情况下最大化成功攻击的次数。

对于贪婪型攻击者，无论是哪一类，都是要尽可能多地进行攻击。从防护角度来看，目标是降低成功攻击的数量到最小，这可以定义为易受攻击的间隔总长度与总时间长度的比例（或者叫最大化总体安全水平）。

定义8.8 为了防止贪婪型攻击者，要以最小化 $\frac{L_V}{L_T}$ 为目标，其中 L_V 是易受攻击的间隔的总长度，L_T 是总的时间长度。

对于隐藏型攻击者而言，不是尽可能多地发送数据包，而是仅在易受攻击的间隔中执行攻击。对于这些间隔,第一类攻击者是靠猜测,第二类攻击者是靠预测,第三类攻击者预先是知道的。从防护角度来看,关键是防止攻击者预测或知道何时是易受攻击的间隔。对抗第一类隐藏型攻击者,不需要更改发送者的安全计划。对抗第二类隐藏型攻击者,可以为间隔分配不同的长度,使得攻击者难以预测易受攻击的间隔的长度。对抗第三类隐藏型攻击者,可以给间隔分配不同长度并实时地混入一些随机性,以便攻击者即使知道安全计划也难以预测易受攻击的间隔的长度。

定义 8.9 当攻击者收到密钥时,$f(x)$ 是一个非严格递减的函数,用于定义在 x 个时间单位之后它仍然处于易受攻击区间的概率。

图 8.1a 给出 $f(x)$ 示例。该函数意味着易受攻击间隔的可能长度范围为 $0 \sim 5$ 个时间单位和 $10 \sim 15$ 个时间单位,并且攻击者在 5 个时间单位之后处于易受攻击区间的概率为 0.3。第一类攻击者无法获得 $f(x)$。第二类攻击者可以通过观察安全计划并预测估计 $f(x)$。第三类攻击者可以通过了解安全计划和易受攻击间隔长度的分布来计算 $f(x)$。

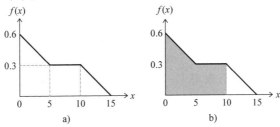

图 8.1 图 a 是 $f(x)$ 示例。图 b 表示对抗 $f(x)$ 为 0.3 的隐藏型攻击者的目标是将 x 从 0 到 10 的 $f(x)$ 下的面积减到最小

定义 8.10 隐藏型攻击者的贪婪度 θ 是攻击者仅在处于易受攻击间隔的概率至少为 θ 时才发送数据包(执行攻击)。

在此处设置贪婪度参数,是因为攻击者可能倾向于隐藏并且不被系统检测到。例如,$\theta = 1$ 的攻击者只有在确定是易受攻击的间隔时才会发送数据包。从安全防护的角度来看,目标是最小化成功攻击的数量,这可以定义如下。

定义 8.11 为了对抗贪婪度参数为 θ 的攻击者,目标是最小化 $\int_0^X f(x)\,dx$,其中

$$X = \begin{cases} 0, & \text{若 } \theta > 0 \text{ 且 } \nexists x, f(x) = \theta \\ \max\{x \mid f(x) = \theta\}, & \text{若 } \theta > 0 \text{ 且 } \exists x, f(x) = \theta \\ \min\{x \mid f(x) = 0\}, & \text{若 } \theta = 0 \end{cases} \tag{8.1}$$

此处,X 是贪婪度参数为 θ 的攻击者将继续执行攻击的时间长度。示例 $f(x)$ 如图 8.1b 所示,其中对抗贪婪度参数为 0.3 的攻击者的目标是使 x 从 0 到 10 的 $f(x)$ 下的面积最小化。

基于上述模型，问题可以转化为资源分配问题。功能模型被公式化为具有 N 个间隔的安全计划，其中第 i 个间隔需要 L_i 单位的计算资源来实施安全机制。体系结构模型由参数 R 定义，参数 R 表示可用于安全计划的总计算资源。需要解决的问题是为每个区间 i 分配概率 p_i 及计算资源 $p_i L_i$ 单位，以便满足约束条件并且优化目标。

在目标函数中考虑安全性如下：

$$\text{maximize} \sum_{i=1}^{N} q_i \tag{8.2}$$

当

$$q_i = \begin{cases} 1, \text{若 } p_i > 1 - \theta \\ p_i, \text{其他} \end{cases} \tag{8.3}$$

并且资源约束条件为

$$\sum_{i=1}^{N} p_i L_i \leq R \tag{8.4}$$

该问题可以表述为 FSM 综合问题，如图 8.2 所示。每个状态 I_i 表示安全间隔，每个状态 I'_i 表示易受攻击的间隔。到状态 I_i 的每条线（实线）具有概率 p_i，到状态 I'_i 的每条线（虚线）具有概率 $1 - p_i$。需要确定每个 p_i 的值，以便满足约束并优化目标。

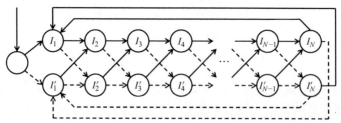

图 8.2　FSM 综合问题。每个状态 I_i 表示安全间隔，每个状态 I'_i 表示易受攻击的间隔。到状态 I_i 的每条线（实线）具有概率 p_i，到状态 I'_i 的每条线（虚线）具有概率 $1 - p_i$

该问题可以通过贪婪方式来解决，根据 L_i 对间隔进行排序并逐一分析。对于每个间隔 i，将 $1 - \theta$ 分配给 p_i 而不违反资源约束条件。如此对间隔一个接一个地进行分析，直到考虑所有间隔或没有剩余资源。

总之，基于 FSM 的安全需求的设计问题很简单但非常通用，因此它可以应用于资源有限的许多不同系统。

第9章 以图论为基础的基于安全需求的设计

本章将介绍两个一般的基于安全需求的设计问题。第一个考虑系统中的多个通信路径，第二个考虑系统中的网络分区。这两个问题都可以通过图来实现。

9.1 多路径时的安全性

在本节中，假设系统中的两个节点之间存在多条路径，并且系统支持消息复制，这意味着发送方可以复制消息并通过不同的路径将相同的消息发送到相应的接收方。在这里，消息的可用性是主要的功能安全需求，消息的完整性是主要的信息安全需求。在重复消息和冗余路径的帮助下，消息可用性变得更高。

尽管消息复制最初是为处理网络故障或连接中断而设计的，但它们也能够用来作为增强安全性的机制。在图 9.1a 中，如果攻击者将某条重复的消息从"1"修改为"0"，则接收者将通过比较来检测发现两个消息不一致。虽然接收方无法确定哪个消息是正确的，但是可以拒绝这两个消息以避免接收被破坏的消息。另一方面，在图 9.1b 中，如果三个冗余路径上有三个重复消息，并且攻击者将某条重复消息从"1"修改为"0"，则接收方不仅会检测到不一致，还会分析出哪条消息被泄露了。因此可以恢复原始消息。

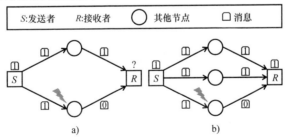

图 9.1 消息复制

a) 两条复制消息在两条冗余路径上　b) 三条复制消息在三条冗余路径上

如果消息的保密性是主要的信息安全需求，则消息复制为攻击者提供了更多访问网络和网络中消息的机会。但是，消息复制可以实施保密分享机制。例如，可以应用基于多项式的简单保密分享机制[49]。利用该机制，可以将消息转换为 n 个冗余路径上的 n 个消息。如果相应多项式的次数是 k，则该机制可以保证获得 k 或更少的消息不能恢复原始消息的任何信息，但是获得 $k+1$ 或更多的消息可以恢复原始消息。

总之，消息复制可以同时提升功能安全和信息安全水平。但是，应该强调的是，安全攻击不能总是被视为常规故障。例如，功能安全约束条件是故障概率的上限，但是安全漏洞不应该由界限定义，因为攻击者可能具有直接利用安全漏洞的能力。这里有两个开放的问题：一是需要多少重复的消息来满足功能安全和信息安全要求；二是如何为每个消息分配路径而不会使网络过载。

这里介绍一个基于安全需求设计的示例。假设系统中有 n 个路径，对于每条路径，成功修改其上消息的概率为 p，并且路径上成功拦截消息的概率为 q。表示为，在系统上成功修改的概率是：

$$\sum_{i=\left[\frac{n}{2}\right]}^{n}\binom{n}{i}p^i(1-p)^{n-i} \tag{9.1}$$

在系统上成功拦截的概率是：

$$\sum_{i=d+1}^{n}\binom{n}{i}q^i(1-q)^{n-i} \tag{9.2}$$

式中，d 是多项式的次数。

在系统设计期间，安全约束条件包括：对于消息的完整性而言，有：

$$\sum_{i=\left[\frac{n}{2}\right]}^{n}\binom{n}{i}p^i(1-p)^{n-i} \leqslant P \tag{9.3}$$

以及对于消息的保密性而言，有：

$$\sum_{i=d+1}^{n}\binom{n}{i}q^i(1-q)^{n-i} \leqslant Q \tag{9.4}$$

其中 P 和 Q 分别是成功修改和成功拦截的概率的上限。通信开销是 n 的非递减函数，并且计算开销是 n 和 d 的非递减函数。

可以将目标设置为通信开销和计算开销的最小化，并且可以通过两个步骤来解决该问题。首先，找到满足等式（9.3）的最小 n 来最小化通信开销。然后根据找到的 n，找到满足等式（9.4）的最小 d 来最小化计算开销。

9.2 网络分区的安全性

在本节中，网络性能是主要的功能安全要求，网络分离是主要的信息安全要求。网络分区是将物理网络分成几个逻辑网络，其最初是为了提高网络性能的措施，但也能提供信息安全防护，因为攻击者很难到达另一个分区中的节点。对于网络性能，我们考虑每对节点的处理开销，处理开销通常是数据速率或两个节点之间的处理时间。对于网络分离，我们考虑每对节点的安全风险，安全风险取决于两个节点的关键性和漏洞。为了将问题公式化，我们定义如下符号：

- C_{ij}^{σ}：如果节点 i 和节点 j 在同一分区中的处理开销。
- C_{ij}^{δ}：如果节点 i 和节点 j 在不同分区中的处理开销。
- R_{ij}^{σ}：如果节点 i 和节点 j 在同一分区中的安全风险。
- R_{ij}^{δ}：如果节点 i 和节点 j 在不同分区中的安全风险。
- B_{ijl}：表示节点 i 和节点 j 之间的路径通过交换机 l 的二进制参数。

这些参数的值由设计者定义或通过模型检验和基于各种方法的分析预先计算（例如，汽车系统参数[32]）。当且仅当节点 i 和节点 j 在同一分区中，二进制变量 x_{ij} 为 1。总处理开销是：

$$C = \sum_{i,j}(C_{ij}^{\sigma}x_{ij} + C_{ij}^{\delta}(1 - x_{ij})) \qquad (9.5)$$

总安全风险是：

$$R = \sum_{i,j}(R_{ij}^{\sigma}x_{ij} + R_{ij}^{\delta}(1 - x_{ij})) \qquad (9.6)$$

交换机 l 的处理开销是：

$$C_l = \sum_{i,j}(B_{ijl}(C_{ij}^{\sigma}x_{ij} + C_{ij}^{\delta}(1 - x_{ij}))) \qquad (9.7)$$

目标可以是最小化 C、R，或最小化 C 和 R 的加权和。约束条件可以约束 C、R、C_l、分区的数量、分区的处理开销和帧的时延等。可行的约束条件包括：

$$\forall i,j, x_{ij} = x_{ji} \qquad (9.8)$$

$$\forall i,j,k, x_{ij} = 1 \text{ 和 } x_{jk} = 1 \Rightarrow x_{ij} = 1 \qquad (9.9)$$

生成的示例如图 9.2 所示。有 4 个交换机和 1 个网关。每个交换机连接 10 个节点，因此总共有 45 个节点（包括网关）。根据应用，C_{ij}^{σ} 设置为 1kbit/s、10kbit/s、100kbit/s、1Mbit/s 或 10Mbit/s；C_{ij}^{δ} 设置为 $1.2C_{ij}^{\sigma}$；R_{ij}^{σ} 设定为 1、10 或 100；R_{ij}^{δ} 设置为 0。如果一个节点从安全角度来看很关键（例如，运行控制应用），而另一个节点易受攻击（例如，连接到外部环境），则相应的 R_{ij}^{σ} 为 100；如果两个条件中只有一个为真，那么相应的 R_{ij}^{σ} 为 10；否则，对应的 R_{ij}^{σ} 为 1。每对节点之间的路径是预定义的，因此可以计算 B_{ijl}。目标是最小化公式（9.6）中定义的 R。约束条件包括对于每个 l，$C_l \leq 50\text{Mbit/s}$（C_l 在公式（9.7）中定义），分区数小于或等于 3，以及公式（9.8）和公式（9.9）中的可行约束。

通过公式化，整数线性规划（ILP）求解器可以处理不同输入参数的情况并输出解决方案。这种设计优化方法还可以与模型检查和基于各种方法的分析一起使用，尤其是用于更新安全风险并向公式提供反馈。对于网络性能，如果一对节点处于相同的分区（$C_{ij}^{\sigma} \leq C_{ij}^{\delta}$），则它们的处理开销通常比较低。对于网络分离，如果一对节点位于不同的分区（$R_{ij}^\delta \leq R_{ij}^\sigma$），则它们通常具有较低的安全风险。因此，在功能安全和信息安全之间存在权衡。

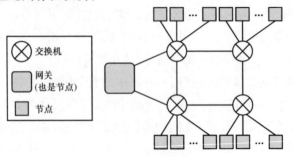

图 9.2 综合示例

9.3 总结

在本章中，介绍了两个基于图论的安全设计问题。第一个考虑系统中的多个通信路径，并且可以通过贪婪算法来最小化通信开销和计算开销。第二个考虑系统中的网络分区，它可以表示为 ILP 公式。

第10章 结论

本书解决了资源有限且有严格约束条件限制的信息物理系统的安全问题。在第2章中提出了一种通用的基于安全需求的设计方法。设计阶段统筹考虑安全性和其他设计约束条件。方法论基于平台设计[47],功能模型和架构平台在初始阶段分别获取,然后通过映射过程汇集在一起。在映射期间,功能模型在架构平台上部署实现,映射过程中还要满足各种目标和约束条件并进行优化。该方法不同于传统的映射过程,因为它不仅将功能模型映射到架构平台,还尝试选择安全机制和架构。

本书首先关注汽车系统的信息安全问题,因为它们代表了信息物理系统中的许多常见挑战。第4章研究了车内通信的安全性,并提出了针对CAN协议的安全机制,CAN协议是一种非常有代表性的异步协议,是目前最常用的车内通信协议。基于安全机制,第5章介绍了MILP公式和基于MILP的算法,以尝试进行任务分配、信号打包、MAC共享和优先级分配,并满足功能安全和信息安全约束条件。除了CAN协议,第6章介绍了一种基于TDMA的协议,一种非常有代表性的同步协议,是许多现有协议的抽象。密钥[2,37,38,55]的延时释放被用作安全机制,并且将模拟退火方法与一组有效优化启发式方法相结合形成算法,以解决TDMA系统的基于安全需求的映射问题。第7章将该方法应用于基于DSRC技术的V2V通信,将基于安全需求的优化问题公式化,并提出了一种有效的算法来解决基于安全需求的优化问题。在研究了异步和同步协议之后,本书还介绍了其他的基于安全需求的设计问题。第8章提出了基于FSM的问题,它可以应用于资源有限的系统。第9章提出了两个基于图的问题,其中消息重复和网络分区是为了安全起见。本书要强调的是必须在初始设计阶段考虑信息安全;否则,在初始设计阶段结束之后添加安全措施而不违反其他系统限制是非常困难的,有时甚至是不可能的。

与本书内容相关的,未来可能的研究方向包括:
- 不同的应用领域:在飞机系统[5,46]、全球定位系统[8,58]、医疗设备[10,29]和智能电网[24,30]中已经确定了不同类型的攻击。虽然已经为这些应用领域提出了一些安全机制,但是在设计阶段还没有考虑安全性及其对系统设计的影响,以保证满足所有设计约束。不同的应用在部署实施安全措施时可能具有不同的瓶颈。一些挑战已经被识别和重视,例如医疗设备的功耗和智能电网的可扩展性,但在设计阶段仍然没有细化的方法来应对这些挑战。可以应用基于安全需求的设计方法来处理这些应用领域的安全需求设计问题。

- 不同的安全属性：身份验证是第 4~7 章的关注点。虽然不同的应用可能需要防护的属性不同。可用性是大多数应用的一个关注点，通常需要硬件保护。另一方面，保密性显然是医疗设备和智能电网的关注点。为了强调这些安全属性，可以使用基于安全需求的设计来实现防护。

- DSRC 的设计和分析：DSRC 为汽车系统的许多应用提供了一个非常好的平台。除信息安全外，其他指标（如功能安全、能效和拥堵避免）及其任何组合都是设计和分析问题中的重要且有意义的题目。特别是，车辆和基础设施有大量信息，因此需要使用数据挖掘技术来确定哪些消息是相关的。此外，由于汽车系统的移动性，还需要期望最大化技术来预测周围环境的变化。预计这些机器学习技术将与设计和分析算法越来越紧密地结合在一起。

参 考 文 献

1. F. Ahmed-Zaid, F. Bai, S. Bai, C. Basnayake, B. Bellur, S. Brovold, G. Brown, L. Caminiti, D. Cunningham, H. Elzein, K. Hong, J. Ivan, D. Jiang, J. Kenney, H. Krishnan, J. Lovell, M. Maile, D. Masselink, E. McGlohon, P. Mudalige, Z. Popovic, V. Rai, J. Stinnett, L. Tellis, K. Tirey, S. VanSickle, Vehicle safety communications–applications (VSC-A). Report No. DOT HS 811, 492A (2011)
2. R. Anderson, F. Bergadano, B. Crispo, J.-H. Lee, C. Manifavas, R. Needham, A new family of authentication protocols. ACM SIGOPS Oper. Syst. Rev. **32**(4), 9–20 (1998)
3. Bosch. CAN specification (Version 2.0) (1991)
4. Bosch. CAN with flexible data-rate white paper, (Version 1.1) (2011)
5. R. De Cerchio, C. Riley, Aircraft systems cyber security, in *Integrated Communications, Navigation and Surveillance Conference (ICNS)* (2012), pp. 1–12
6. S. Checkoway, D. McCoy, B. Kantor, D. Anderson, H. Shacham, S. Savage, K. Koscher, A. Czeskis, F. Roesner, T. Kohno, Comprehensive experimental analyses of automotive attack surfaces, in *USENIX Conference on Security* (2011), pp. 6–6
7. FlexRay Consortium. FlexRay communications system protocol specification (Version 3.0.1) (2010)
8. S. Gong, Z. Zhang, M. Trinkle, A.D. Dimitrovski, H. Li, GPS spoofing based time stamp attack on real time wide area monitoring in smart grid, in *IEEE Third International Conference on Smart Grid Communications (SmartGridComm)* (2012), pp. 300–305
9. B. Groza, S. Murvay, A. Van Herrewege, I. Verbauwhede, LiBrA-CAN: a lightweight broadcast authentication protocol for controller area networks, in *International Conference on Cryptology and Network Security* (2012), pp. 185–200
10. D. Halperin, T.S. Heydt-Benjamin, B. Ransford, S.S. Clark, B. Defend, W. Morgan, K. Fu, T. Kohno, W.H. Maisel, Pacemakers and implantable cardiac defibrillators: software radio attacks and zero-power defenses, in *IEEE Symposium on Security and Privacy (SP)* (2008), pp. 129–142
11. J. Harding, G. Powell, R. Yoon, J. Fikentscher, C. Doyle, D. Sade, M. Lukuc, J. Simons, J. Wang, Vehicle-to-vehicle communications: readiness of V2V technology for application. Report No. DOT HS 812, 014 (2014)
12. A. Van Herrewege, D. Singelee, I. Verbauwhede, CANAuth—a simple, backward compatible broadcast authentication protocol for CAN bus, in *Workshop on Embedded Security in Cars* (2011)
13. T. Hoppe, S. Kiltz, J. Dittmann, Security threats to automotive CAN networks—practical examples and selected short-term countermeasures, in *International Conference on Computer Safety, Reliability, and Security* (2008), pp. 235–248
14. ICAO. Manual for the ATN using IPS standards and protocols (doc 9896) (2010)
15. IEEE. IEEE standard for information technology—local and metropolitan area networks—specific requirements—part 11: wireless LAN medium access control (MAC) and physical layer (PHY) specifications amendment 6: wireless access in vehicular environments. IEEE Std 802.11p-2010 (Amendment to IEEE Std 802.11-2007 as amended by IEEE Std 802.11k-2008, IEEE Std 802.11r-2008, IEEE Std 802.11y-2008, IEEE Std 802.11n-2009, and IEEE Std 802.11w-2009) (2010)
16. IEEE. IEEE standard for wireless access in vehicular environments (WAVE)—networking services—redline. IEEE Std 1609.3-2010 (Revision of IEEE Std 1609.3-2007)—Redline (2010)

17. IEEE. IEEE standard for wireless access in vehicular environments (WAVE)—multi-channel operation. IEEE Std 1609.4-2010 (Revision of IEEE Std 1609.4-2006) (2011)
18. IEEE. IEEE standard for wireless access in vehicular environments (WAVE)—over-the-air electronic payment data exchange protocol for intelligent transportation systems (ITS). IEEE Std 1609.11-2010 (2011)
19. IEEE. IEEE standard for wireless access in vehicular environments (WAVE)—identifier allocations. IEEE Std 1609.12-2012 (2012)
20. IEEE. IEEE standard for information technology—telecommunications and information exchange between systems—local and metropolitan area networks—specific requirements—part 2: logical link control. ISO 8802-2 IEEE 802.2, First Edition 1989-12-31 (Revision of IEEE Std 802.2-1985) (2013)
21. IEEE. IEEE standard for wireless access in vehicular environments security services for applications and management messages. IEEE Std 1609.2-2013 (Revision of IEEE Std 1609.2-2006) (2013)
22. IEEE. IEEE guide for wireless access in vehicular environments (WAVE)—architecture. IEEE Std 1609.0-2013 (2014)
23. J.B. Kenney, Dedicated short-range communications (DSRC) standards in the United States. Proc. IEEE **99**(7), 1162–1182 (2011)
24. H. Khurana, M. Hadley, N. Lu, D.A. Frincke, Smart-grid security issues. IEEE Secur. Priv. **8**(1), 81–85 (2010)
25. P. Kleberger, T. Olovsson, E. Jonsson, Security aspects of the in-vehicle network in the connected car, in *IEEE Intelligent Vehicles Symposium (IV)* (2011), pp. 528–533
26. K. Koscher, A. Czeskis, F. Roesner, S. Patel, T. Kohno, S. Checkoway, D. McCoy, B. Kantor, D. Anderson, H. Shacham, S. Savage, Experimental security analysis of a modern automobile, in *IEEE Symposium on Security and Privacy (SP)* (2010), pp. 447–462
27. F. Koushanfar, A.-R. Sadeghi, H. Seudie, EDA for secure and dependable cybercars: challenges and opportunities, in *ACM/IEEE Design Automation Conference (DAC)* (2012), pp. 220–228
28. H. Krishnan, A. Weimerskirch, Verify-on-demand–a practical and scalable approach for broadcast authentication in vehicle-to-vehicle communication. SAE Int. J. Passeng. Cars-Mech. Syst. **4**(1), 536–546 (2011)
29. C. Li, A. Raghunathan, N.K. Jha, Hijacking an insulin pump: security attacks and defenses for a diabetes therapy system, in *IEEE International Conference on e-Health Networking Applications and Services (Healthcom)* (2011), pp. 150–156
30. P. McDaniel, S. McLaughlin, Security and privacy challenges in the smart grid. IEEE Secur. Priv. **7**(3), 75–77 (2009)
31. A.R. Metke, R.L. Ekl, Security technology for smart grid networks. IEEE Trans. Smart Grid **1**(1), 99–107 (2010)
32. P. Mundhenk, S. Steinhorst, M. Lukasiewycz, S.A. Fahmy, S. Chakraborty, Security analysis of automotive architectures using probabilistic model checking, in *Proceedings of Design Automation Conference* (2015), pp. 38:1–38:6
33. M. Di Natale, H. Zeng, P. Giusto, A. Ghosal, Worst-case time analysis of can messages, in *Understanding and Using the Controller Area Network Communication Protocol* (Springer, 2012), pp. 43–65
34. D.K. Nilsson, U.E. Larson, E. Jonsson, Efficient in-vehicle delayed data authentication based on compound message authentication codes, in *IEEE Vehicular Technology Conference (VTC)* (2008), pp. 1–5
35. L. Osborne, J. Brummond, R. Hart, M. Zarean, S. Conger, Clarus: concept of operations. Federal Highway Administration Report No FHWA-JPO-05-072 (2005)
36. OSEK. OSEK/VDX OS specification, (Version 2.2.3) (2006)
37. A. Perrig, R. Canetti, D. Song, J.D. Tygar, Efficient and secure source authentication for multicast, in *Network and Distributed System Security Symposium* (2001) pp. 35–46
38. A. Perrig, R. Canetti, J.D. Tygar, D. Song, Efficient authentication and signing of multicast streams over lossy channels, in *IEEE Symposium on Security and Privacy (SP)* (2000), pp. 56–73

39. I. Rouf, R. Miller, H. Mustafa, T. Taylor, S. Oh, W. Xu, M. Gruteser, W. Trappe, I. Seskar, Security and privacy vulnerabilities of in-car wireless networks: a tire pressure monitoring system case study, in *USENIX Conference on Security* (2010), pp. 21–21
40. RTCA. Minimum aviation system performance standards for automatic dependent surveillance—broadcast (ADS-B). RTCA DO-242A (2002)
41. U. Ruhrmair, M. van Dijk, PUFs in security protocols: attack models and security evaluations, in *IEEE Symposium on Security and Privacy (SP)* (2013), pp. 286–300
42. SAE. Dedicated short range communication (DSRC) minimum performance requirements. SAE Standard J2945 WIP
43. SAE. Dedicated short range communications (DSRC) message set dictionary. SAE Standard J2735 (2009)
44. SAE. Time-Triggered Ethernet. SAE Standard AS6802 (2011)
45. SAE. TTP communication protocol. SAE Standard AS6003 (2011)
46. K. Sampigethaya, R. Poovendran, S. Shetty, T. Davis, C. Royalty, Future e-enabled aircraft communications and security: the next 20 years and beyond. Proc. IEEE **99**(11), 2040–2055 (2011)
47. A. Sangiovanni-Vincentelli, Quo vadis, SLD? reasoning about the trends and challenges of system level design. Proc. IEEE **95**(3), 467–506 (2007)
48. S. Seifert, R. Obermaisser, Secure automotive gateway — secure communication for future cars, in *IEEE International Conference on Industrial Informatics (INDIN)* (2014), pp. 213–220
49. A. Shamir, How to share a secret. ACM Commun. **22**(11), 612–613 (1979)
50. G.E. Suh, S. Devadas, Physical unclonable functions for device authentication and secret key generation, in *ACM/IEEE Design Automation Conference (DAC)* (2007), pp. 9–14
51. C. Szilagyi, P. Koopman, A flexible approach to embedded network multicast authentication, in *Workshop on Embedded Systems Security* (2008)
52. C. Szilagyi, P. Koopman, Flexible multicast authentication for time-triggered embedded control network applications, in *IEEE/IFIP International Conference on Dependable Systems and Networks* (2009), pp. 165–174
53. C. Szilagyi, P. Koopman, Low cost multicast authentication via validity voting in time-triggered embedded control networks, in *Workshop on Embedded Systems Security* (2010)
54. A. Wasicek, P. Derler, E.A. Lee, Aspect-oriented modeling of attacks in automotive cyber-physical systems, in *ACM/IEEE Design Automation Conference (DAC)* (2014), pp. 21:1–21:6
55. A. Wasicek, C. El-Salloum, H. Kopetz, Authentication in time-triggered systems using time-delayed release of keys, in *IEEE International Symposium on Object/Component/Service-Oriented Real-Time Distributed Computing (ISORC)* (2011), pp. 31–39
56. M. Wolf, T. Gendrullis, Design, implementation, and evaluation of a vehicular hardware security module, in *Proceedings of the 14th International Conference on Information Security and Cryptology* (Springer, 2012), pp. 302–318
57. M.-D. Yu, S. Devadas, Secure and robust error correction for physical unclonable functions. IEEE Des. Test Comput. **27**(1), 48–65 (2010)
58. Q. Zeng, H. Li, L. Qian, GPS spoofing attack on time synchronization in wireless networks and detection scheme design, in *Military Communications Conference (MILCOM)* (2012), pp. 1–5
59. Q. Zhu, Y. Yang, M. Di Natale, E. Scholte, A. Sangiovanni-Vincentelli, Optimizing the software architecture for extensibility in hard real-time distributed systems. IEEE Trans. Ind. Inf. **6**(4), 621–636 (2010)
60. T. Ziermann, S. Wildermann, J. Teich, CAN+: a new backward-compatible controller area network (can) protocol with up to 16x higher data rates, in *ACM/IEEE Design, Automation Test in Europe (DATE)* (2009)